시진핑시대, 중국 종교정책과 신종교사무조례

강경구 · 박노종 · 유미경
안승웅 · 김경아 함께씀

習近平时代
中国宗教政策과
新宗教事务条例

신아사

강경구
동의대학교 중어중문학과 교수

박노종
인제대학교 강사

유미경
부산대학교 강사

안승웅
부경대학교 강사

김경아
동의대학교 디그니타스교양교육연구소 연구원

시진핑시대,
중국 종교정책과 신종교사무조례

초판 1쇄 발행 _ 2018년 2월 10일

저 자 · 강경구 · 박노종 · 유미경 · 안승웅 · 김경아
발행인 · 정 현 걸
발 행 · 신 아 사
인 쇄 · 토탈프로세스
주 소 · 서울특별시 은평구 통일로 59길 4 (2층)
전 화 · (02) 382-6411 팩스 · (02) 382-6401
홈페이지 · www.shinasa.co.kr
E-mail · shinasa@daum.net
출판등록 · 1956년 1월 5일(제9-52호)

ISBN: 978-89-8396-267-6(93300)

정가 15,000 원

책머리에

평생 중국학을 전공하고 종교에 관심을 가져온 입장에서 세상에 제일 모를 일이 중국과 종교이다. 중국은 한 쪽을 맞추면 다른 쪽이 뒤죽박죽이 되는 퍼즐과 같아서 이제는 그 체계적 이해를 포기할 지경이 되었다. 종교는 더 심각하다. 그것은 불가사의한 생물과 같아서 그 사회적 기능, 교리의 발전, 종교적 해탈과 구원의 체험에 있어서 이해의 차원을 훌쩍 넘어서 있다. 만약 누군가 '나는 종교를 안다'고 하는 사람이 있다면 그는 종교를 모르는 사람이라고 달해버리겠다.

우리는 우연한 계기로 이 도대체 알 수 없는 두 가지를 결합한 '중국의 종교'에 대한 '함께 공부'를 시작하였다. 그리고 공부를 시작하자마자 「종교사무조례」라는 독특한 중국제 종교제품을 접하게 되었다. 중국은 정치적으로는 사회주의국가를 지향하면서 경제적으로는 자유주의 경제체제를 운영하는 독특한 국가이다. 이러한 환경에서 중국 특유의 모순과 갈등이 나타나고 그것을 해결하기 위한 묘책들이 고안된다. 그 중에서도 종교는 중국의 제반 문제와 다양한 정치적 해법들이 제시되는 가장 뜨거운 현장에 서 있다.

중국에서 종교신앙은 금지의 대상은 아니지만 공산주의 사상의 적자(嫡子)를 자처하는 중국 공산당과 정부의 입장에서 그것은 적극 관리되어야 할 문제에 속한다. 중국에 있어서 종교에 대한 관리는 종교의 존재성을 인정하되 국가사회에 지나친 영향력을 발휘하지 않는 범위로 제한함을 원칙으로 한다. 사실 개혁개방 이후 종교적 문제들에 대한 해결책을 제시하는 다양한 문건과 법규들은 종교신앙에 대한 제한적 인정을 그 핵심으로 하고 있다고 보면 틀림이 없다.

그러한 종교법규의 결정판이라 할 「종교사무조례」는 중국 종교정책과 종교문제의 처리에 있어서 최고의 법률적 권위를 갖는 법규로서 2005년부터 시행된 이래 12년 동안 그 역할을 수행하여 왔다. 그런데 빠른 경제성장과 함께 중국의 종교를 둘러싼 국내외적 상황이 급변하면서 기존의 구조례로는 새로운 상황과 새로운 문제에 대한 적절한 대응이 어렵게 되었다. 이에 구조례를 대폭 개정한 수정본 「종교사무조례」가 2018년 2월 정식으로 시행되게 된 것이다.

본서는 이 수정조례의 전문을 번역하고, 구조례와 대비하여 도표로 정리하는 한편, 그 각각의 조문에 대해 내용, 배경, 예기되는 효과 등을 중심으로 평석작업을 진행한 것이다. 나아가 정보전달의 정확성을 기하기 위해 수정조례의 원문을 부록으로 제시하였다. 대체적으로 조례의 번역과 대비표는 효과적인 참고의 자료가 될 것이고, 평석은 중국의 정신문화적 현실과 종교적 상황에 대한 관심을 일으키는 흥미로운 읽을거리가 될 수 있을 것이다.

우리는 이 '함께 공부'의 과정에서 토론된 내용을 중심으로 몇 편의 관련논문을 발표한 바 있고, 학술대회의 중국종교정책 관련 특별분과를 운영한 일도 있다. 이를 출발점으로 하여 이후 중국 종교의 현실에 대한 흥미로운 탐구의 여정을 계속할 참이지만 앞길은 '알 수 없음'으로 채워져 있다. 이것이 우리를 분발하게 한다. 감사한 일 아닌가?

2018년 2월 1일

저자들을 대표하여

이뭣고 연구실에서 강경구 씀

목 차

수정 종교사무조례 전문

수정 종교사무조례 전문

「종교사무조례」는 2004년 7월 7일 국무원 제57차 상무회의에서 통과되어 이에 공포하며, 2005년 3월 1일부터 시행하기로 한다. 중화인민공화국국무원령, 제426호.

총리 원자바오(温家宝) 2004년 11월 30일

「종교사무조례」는 2017년 6월 14일 국무원 제176차 상무회의에서 수정 통과되어, 이에 수정된 「종교사무조례」를 공포하며 2018년 2월 1일부터 시행하기로 한다. 중화인민공화국국무원령, 제686호.

총리 리커창(李克强) 2017년 8월 26일

제1장 총칙

제1조

공민의 종교신앙의 자유를 보장하고, 종교의 화목과 사회의 조화를 유지하며, 종교사무의 관리를 규범화하고, 종교업무의 법치화 수준을 높이기 위해 헌법과 유관법률에 의거하여 본 조례를 제정한다.

제2조

공민은 종교신앙의 자유를 가진다.

어떠한 조직이나 개인도 공민에게 종교를 신앙하거나 신앙하지 못하도록 강제해서는 안 되며, 종교를 신앙하는 공민(이하 신앙인)이나 종교를 신앙하지 않는 공민(이하 비신앙인)을 차별해서는 안 된다.
신앙인과 비신앙인, 그리고 서로 다른 종교를 신앙하는 공민들은 상호 존중하며 화목하게 공존해야 한다.

제3조

종교사무관리는 합법보장, 불법저지, 극단억제, 침투방어, 범죄처벌의 원칙을 견지한다.

제4조

국가는 법에 의거하여 정상적 종교활동을 보호하며, 종교가 사회주의 사회에 적응하도록 적극적으로 인도한다. 종교단체와 종교학교, 종교활동장소와 신앙인의 합법적 권익을 보호한다.
종교단체와 종교학교, 종교활동장소 및 신앙인은 헌법과 법률, 법규와 규정을 준수해야 하며, 사회주의 핵심가치관을 실천해야 한다. 국가통일, 민족단결, 종교화해, 사회안정에 힘써야 한다.
어떠한 조직이나 개인도 종교를 이용하여 국가안전에 위해를 끼치거나, 사회질서를 파괴하거나, 공민의 신체건강을 해치거나, 국가의 교육제도를 방해하는 행위를 해서는 안 된다. 나아가 그 밖에 국가 이익과 사회의 공공이익 및 공민의 합법적 권익에 손해를 끼치는 위법 활동을 해서는 안 된다.
어떠한 조직이나 개인도 서로 다른 종교 간이나 동일 종교 내부, 나아가 신앙인과 비신앙인 사이에 갈등과 충돌을 일으켜서는 안 된다. 종교극단주의를 선양하거나 지지하거나 지원해서는 안 된다. 종교를 이용하여 민족단결을 파괴하거나 국가를 분열시키거나 테러행위를 해서는 안 된다.

제5조

각 종교는 독립, 자주, 자영의 원칙을 견지해야 한다. 종교단체나 종교학교, 종교활동장소 및 종교사무는 외국세력의 지배를 받지 않는다.

종교단체, 종교학교, 종교활동장소, 종교교역자는 상호존중, 평등, 우호의 기초 위에서 대외교류를 진행한다. 그 밖의 조직이나 개인은 외부와의 경제, 문화 등의 협력사업이나 교류활동 과정 중에 종교 조건을 부가적으로 받아서는 안 된다.

제6조

각급 인민정부는 종교업무를 강화하여 건전한 종교업무시스템을 구축하여야 하며, 업무인력이나 업무에 필요한 조건을 갖추어야 한다.

현급 이상 인민정부의 종교사무부서는 법에 의거하여 국가이익과 사회의 공공이익에 관계되는 종교사무에 대해 행정관리를 수행해야 한다. 현급 이상 인민정부의 기타 유관부서는 각자 그 직책의 범위 내에서 법에 의거하여 관련 행정관리업무를 책임진다.

향급 인민정부에서는 해당 행정구역의 종교사무 관리업무를 수행해야 한다. 촌민위원회와 주민위원회는 법에 의거하여 인민정부의 종교관리사무에 협조해야 한다.

각급 인민정부는 종교단체, 종교학교, 종교활동장소 및 신앙인의 의견을 청취하여 종교사무의 관리업무에 협조해야 하며, 종교단체, 종교학교, 종교활동장소에 필요한 공공 서비스를 제공해야 한다.

제2장 종교단체

제7조

종교단체의 구성과 변경 및 취소는 국가사회단체관리의 유관규정에 따라 등기한다.

종교단체의 회칙은 국가사회단체관리의 유관규정에 부합되어야 한다.

종교단체는 회칙에 따라 활동해야 하며 법률의 보호를 받는다.

제8조

종교단체는 아래와 같은 기능을 갖는다.

(1) 인민정부의 법률, 법규, 규정 및 정책의 일관된 실천에 협조하며, 신앙인의 합법적 권익을 보호한다.

(2) 종교의 교무를 지도하며 규정과 제도를 제정하고 이를 실천하도록 감독한다.

(3) 종교문화 연구에 종사하고, 종교 교의와 계율을 해석하며, 종교사상을 수립한다.

(4) 종교교육과 훈련을 실시하고, 종교교역자를 양성하며, 종교교역자를 승인, 관리한다.

(5) 법률, 법규, 규정 및 종교단체 회칙에 규정된 그 밖의 직능을 갖는다.

제9조

전국적 종교단체 및 성・자치구・직할시의 종교단체는 해당 종교의 필요에 근거하여 규정에 따라 종교 유학생을 파견하거나 받을 수 있다. 그 밖의 어떠한 조직이나 개인도 종교 유학생을 파견하거나 받을 수 없다.

제10조

종교학교와 종교활동장소 및 종교교역자는 종교단체가 제정한 규정과 제도를 준수하여야 한다.

제3장 종교학교

제11조

종교학교는 전국적 종교단체 및 성, 자치구, 직할지의 종교단체가 설립한다. 그 밖의 어떠한 조직이나 개인도 종교학교를 설립할 수 없다.

제12조

종교학교를 설립하려면 전국적 종교단체에서 국무원 종교사무부서에 신청서를 제출하거나, 성, 자치구, 직할시 종교단체에서 설립하고자 하는 종교학교 소재지의 성, 자치구, 직할시의 인민정부 종교사무부서에 신청서를 제출하여야 한다. 성, 자치구, 직할시 인민정부의 종교사무부서는 신청서를 받은 날로부터 30일 이내에 의견을 제시하여 국무원 종교사무부서에 심의비준을 신청해야 한다.

국무원 종교사무부서는 전국적 종교단체의 신청이나 성, 자치구, 직할시 인민정부 종교사무부서에서 보고된 자료를 받은 날로부터 60일 이내에 그에 대한 비준 여부를 결정하여야 한다.

제13조

종교학교의 설립은 아래의 조건을 구비하여야 한다.

(1) 명확한 양성목표와 학사규정 및 교과과정의 설치계획이 있어야 한다.

(2) 양성조건에 부합하는 학생자원이 있어야 한다.

(3) 필요한 학사운영 자금과 안정된 경비의 출처가 있어야 한다.

(4) 교육의 임무와 학사규모에 필요한 교육장소와 시설설비가 있어야 한다.

(5) 학교를 전담하는 책임자와 자격을 갖춘 전임교사 및 내부 관리조직이 있어야 한다.

(6) 배치가 합리적이어야 한다.

제14조

비준을 거쳐 설립된 종교학교는 유관 규정에 따라 법인등기를 신청할 수 있다.

제15조

종교학교가 학교부지, 교명, 소속관계, 양성목표, 학제, 학사규모 등을 변경하거나 합병, 분교개설, 폐교하려면 본 조례 제12조에 규정된 절차에 따라 처리한다.

제16조

종교학교는 특정의 교사자격검정과 직위평정, 초빙 및 학생학위수여 제도를 실시하며, 구체적인 방법은 국무원 종교사무부서에서 별도로 제정한다.

제17조

종교학교에서 외국국적의 전문인력을 초빙하려면 국무원 종교사무부서의 동의를 받은 후, 소재지 외국인업무관리부서에서 관련 수속을 받아야 한다.

제18조

종교단체와 사찰, 도관, 이슬람사원, 교회에서 종교교역자를 양성하거나, 학습기간이 3개월 이상 걸리는 종교교육훈련을 실시하려면 소재지 시급 이상 지방인민정부 종교사무부서의 심의 비준을 요청하여야 한다.

제4장 종교활동장소

제19조

종교활동장소는 사찰, 도관, 이슬람사원, 교회 및 기타 고정된 종교활동장소를 포함한다.

사찰, 도관, 이슬람사원, 교회 및 기타 고정된 종교활동장소의 구분기준은 성, 자치구, 직할시 인민정부 종교사무부서에서 제정하고, 국무원 종교사무부서에 상신한다.

제20조

종교활동장소의 설립은 아래의 조건을 구비하여야 한다.

(1) 설립취지는 본 조례 제4조, 제5조의 규정을 위배하지 않는다.

(2) 해당지역 신앙인의 정기적인 집체종교활동 요구가 있다.

(3) 종교활동을 주재하는 교역자나 해당종교의 규정에 부합하는 그 밖의 인원이 있다.

(4) 소요자금이 있고, 자금의 출처와 경로가 합법적이다.

(5) 합리적으로 배치하고, 도시계획의 요구에 부합하며, 주변 기관과 주민의 정상적인 생산활동 및 생활을 방해하지 않는다.

제21조

종교활동장소를 설립하려면 종교단체가 설립 예정인 종교활동장소 소재지의 현급 인민정부 종교사무부서에 신청서를 제출한다. 현급 인민정부 종교사무부서는 신청서를 받은 날로부터 30일 이내에 심의의견을 제시하여, 설립지역의 시급 인민정부 종교사무부서에 보고한다. 설립지역의 시급 인민정부 종교사무부서는 현급 인민정부 종교사무부서에서 송달한 자료를 받은 날로부터 30일 이내에 기타 고정 종교활동장소의 설립신청에 대한 비준 여부를 결정한다. 사찰, 도관, 이슬람사원, 교회의 설립신청에 대해서는 심의의견서를 제시하여 성, 자치구, 직할시 인민정부 종교사무부서에 심의비준을 요청한다.

성, 자치구, 직할시 인민정부 종교사무부서는 설립 지역의 시급 인민정부 종교사무부서가 송달한 자료를 받은 날로부터 30일 이내에 비준 여부를 결정해야 한다.

종교활동장소 설립신청의 비준을 얻은 이후라야 해당 종교활동장소의 건립계획을 추진할 수 있다.

제22조

종교활동장소는 비준과 조성계획을 거쳐 건설이 완공되면 소재지 현급 인민정부 종교사무부서에 등기를 신청해야 한다. 현급 인민정부 종교사무부서는 반드시 신청을 받은 날로부터 30일 이내에 그 종교활동장소의 관리조직, 규정, 제도, 건설 등의 상황에 대해 심사를 진행하여 조건에 부합하면 등기를 부여하고, 「종교활동장소등기증」을 발급한다.

제23조

종교활동장소가 법인조건에 부합하면 소재지 종교단체의 동의를 거쳐 현급 인민정부 종교사무부서의 심사와 동의를 받은 후, 민정부서에서 법인등기를 수속할 수 있다.

제24조

종교활동장소가 등기내용을 폐지하거나 변경하려면, 원래의 등기관리기관에서 상응하는 등기의 말소나 변경수속을 밟아야 한다.

제25조

종교활동장소는 관리조직을 설치하여 민주적으로 관리해야 한다. 종교활동장소의 관리조직 구성원은 민주적 협의를 거쳐 선출하며, 소재지 등기관리기관에 상신해야 한다.

제26조

종교활동장소는 내부관리를 강화하고, 유관 법률, 법규, 규정에서 정한 바에 의거해 인원, 재무, 자산, 회계, 치안, 소방, 문물보호, 위생방역 등의 건전한 관리제도를 수립하며, 소재지 인민정부 유관부서의 지도, 감독, 점검을 받아야 한다.

제27조

종교사무부서는 종교활동장소의 법률, 법규, 규정 준수상황, 장소관리제도의 수립 및 집행상황, 등기 항목 변경상황 및 종교활동과 대외활동 상황에 대하여 감독과 검사를 진행하여야 한다. 종교활동장소는 종교사무부서의 감독과 검사를 받아야 한다.

제28조

종교활동장소 내에서는 종교용품, 종교예술품과 종교출판물을 판매할 수 있다.

제29조

종교활동 장소는 해당 장소 내에서 발생하는 중대한 사고나 종교적 금기를 위반하는 등 신앙인의 종교적 감정을 해치고 민족단결을 파괴하고, 사회적 안녕에 영향을 미치는 사건을 예방하여야 한다.
위에서 열거한 사고나 사건이 발생하면 종교활동장소는 즉시 소재지 현급 인민정부 종교사무부서에 보고해야 한다.

제30조

종교단체나 사찰, 도관, 이슬람사원, 교회가 대형옥외종교조형물을 사찰, 도관, 이슬람 사원, 교회 내에 조성하려면 성, 자치구, 직할시 종교단체가 성, 자치구, 직할시, 인민정부 종교사무부서에 신청서를 제출해야 한다. 성, 자치구, 직할시, 인민정부 종교사무부서는 신청을 받은 날로부터 30일 이내에 의견을 제시하여 국무원 종교사무부서에 심의비준을 요청해야 한다.
국무원 종교사무부서는 대형옥외종교조형물 조성에 대한 보고를 받은 날로부터 60일 이내에 비준 여부를 결정해야 한다.

종교단체나 사찰, 도관, 이슬람사원, 교회 이외의 조직이나 개인은 대형옥외종교조형물을 조성할 수 없다.

사찰, 도관, 이슬람사원, 교회의 밖에 대형옥외종교조형물 조성을 금지한다.

제31조

유관기관과 개인이 종교활동장소 내에서 상업시설의 설치, 진열전시, 영화 및 드라마의 촬영, 그 밖의 활동을 전개하려면 사전에 해당 종교활동장소의 동의를 얻어야 한다.

제32조

지방 각급 인민정부는 실제수요에 근거해 종교활동장소 건설을 토지이용계획과 도시계획에 포함시켜야 한다.

종교활동장소, 대형옥외종교조형물은 토지이용계획과 도시계획, 인프라 건설, 문물보호 등 관련 법률과 법규에 부합해야 한다.

제33조

종교활동장소 내 건축물의 개축 및 신축은 소재지 현급 이상 지방인민정부 종교사무부서의 비준을 거친 후 법에 의거하여 기획 및 건설 등의 수속을 밟는다.

종교활동장소를 증축하거나 장소를 변경해 재건하려면 본 조례 제21조에 규정된 절차에 따라 처리해야 한다.

제34조

관광지 내 종교활동장소가 있는 경우 소재지의 현급 이상 지방인민정부는 종교활동장소와 관광지관리조직 및 정원·임업·문물·여행 등의 이익관계를 조화롭게 처리해야 하며 종교활동장소·종교교역자·신앙인의 합법적 권익을 지키고, 정상적인 종교활동을 보호해야 한다.

종교활동장소를 주요관광내용으로 삼는 관광지에서의 건설계획은 종교활동장소의 풍격 및 환경과 서로 조화를 이루어야 한다.

제35조

신앙인의 정기적인 집체종교활동에 대한 요구가 있으나 종교장소 설립 신청조건을 갖추지 못한 경우, 신앙인대표가 현급 인민정부 종교사무부서에 신청서를 제출하고, 현급 인민정부 종교사무부서는 소재지 종교단체와 향급 인민정부의 의견을 구한 후 임시활동지점을 지정할 수 있다.

현급 인민정부 종교사무부서의 지도하에 소재지의 향급 인민정부는 임시활동지점의 활동을 관리 감독한다. 종교활동장소 설립조건을 갖춘 후, 종교활동장소 설립 및 등기 수속을 밟는다.

임시활동지점의 종교활동은 본 조례의 관련규정에 부합해야 한다.

제5장 종교교역자

제36조

종교교역자는 종교단체의 인가를 거쳐 현급 이상 인민정부 종교사무부서에 상신해야 종교교무활동에 종사할 수 있다.

티베트불교 활불승계는 불교단체의 지도하에 종교의궤와 역사정례에 따라 처리하고, 성급 이상 인민정부 종교사무부서나 성급 이상 인민정부에 비준을 요청한다. 천주교의 주교는 천주교의 전국적 종교단체가 국무원 종교사무부서에 상신한다.
종교교역자 자격을 미취득했거나 상실한 자는 종교교역자 신분으로 활동할 수 없다.

제37조

종교교역자가 종교활동장소의 주요직책에 취임하거나 이임할 시 해당 종교단체의 동의를 거쳐 현급 이상 인민정부 종교사무부서에 상신한다.

제38조

종교교역자의 종교활동 주관, 종교의식 거행, 종교전적 정리, 종교문화 연구, 공익자선활동은 법률의 보호를 받는다.

제39조

종교교역자는 법에 의거하여 사회보장제도에 가입하고 관련 권리를 누린다. 종교단체, 종교학교, 종교활동장소는 규정에 따라 종교교역자를 위해 사회보험등기를 처리해야 한다.

제6장 종교활동

제40조

신앙인의 집체종교활동은 일반적으로 종교활동장소 내에서 거행해야 하고, 종교활동장소, 종교단체 혹은 종교학교에 의해 조직되어야 하며, 종교교역자나 해당 종교규정에 부합하는 구성원이 주관하되, 교리와 의범에 따라 진행해야 한다.

제41조

비종교단체, 비종교학교, 비종교활동장소, 비지정임시활동지점에서는 종교활동을 조직하거나 거행해서는 안 되며, 종교성 기부금을 받아서도 안 된다.

비종교단체, 비종교학교, 비종교활동장소는 종교교육 및 훈련을 해서는 안 되며, 공민을 조직해 해외에 나가서 종교적 성격의 교육, 회의, 활동 등에 참가해서는 안 된다.

제42조

성, 자치구, 직할시의 범위를 넘어 종교활동장소의 수용규모를 초과하는 대형종교활동이나 종교활동장소 밖의 대형종교활동을 거행하려면 주최하는 종교단체, 사찰, 도관, 이슬람사원, 교회는 개최예정 30일 전에 대형종교활동 개최지의 시급 인민정부 종교사무부서에 신청서를 제출해야 한다. 개최지의 시급 인민정부 종교사무부서는 수리일로부터 15일 이내에 해당 인민정부공안기관의 의견을 구한 후 비준여부를 결정한다. 비준이 결정되면 비준기관이 성급 인민정부 종교사무부서에 상신한다.

대형종교활동은 비준통지서에 명시된 요구에 의거하여 종교의궤에 따라 진행해야 하며 본 조례 제4조, 제5조의 유관규정을 위반해서는 안 된다. 주최하는 종교단체, 사찰, 도관, 이슬람사원, 교회는 의외의 사고발생을 예방할 유효한 조치를 취하여 대형종교활동의 안전과 질서 있는 진행을 책임져야 한다. 대형종교활동 개최지의 향급 인민정부와 현급 이상 지방인민정부의 유관부서는 각자의 직책에 따라 필요한 관리와 지도를 책임지고 실시해야 한다.

제43조

이슬람교를 믿는 중국공민의 해외순례는 이슬람교 전국적 종교단체가 책임지고 조직한다.

제44조

종교학교 이외의 학교 및 기타 교육기관에서의 종교전도, 종교활동 개최, 종교조직 결성, 종교활동장소 설립을 금지한다.

제45조

종교단체, 종교학교, 사찰, 도관, 이슬람사원, 교회는 국가의 유관규정에 의거하여 종교내부자료 성격의 출판물을 편집인쇄하고 발송할 수 있다. 공개 발행하는 종교출판물의 출판은 국가출판관리규정에 따라 처리한다.

종교내용과 관련된 출판물은 국가출판관리규정에 부합해야 하며 아래 내용을 담고 있어서는 안 된다.

(1) 신앙인과 비신앙인의 조화로운 공존을 파괴하는 내용

(2) 다른 종교 간의 화목 및 종교 내부의 화목을 파괴하는 내용

(3) 신앙인 혹은 비신앙인을 멸시, 모욕하는 내용

(4) 종교극단주의를 선양하는 내용

(5) 종교의 독립, 자주, 자영 원칙을 위배하는 내용

제46조

개인 용도와 합리적 수량을 초과하는 종교 출판물 및 인쇄물을 반입하거나 기타 방식으로 종교 출판물과 인쇄물을 수입하는 것은 국가의 유관규정에 따라 처리해야 한다.

제47조

인터넷종교정보서비스에 종사하려면 성급 이상 인민정부 종교사무부서의 심의와 동의를 거친 후, 국가인터넷정보서비스관리의 유관규정에 따라 처리해야 한다.

제48조

인터넷종교정보서비스의 내용은 유관 법률, 법규, 규정과 종교사무관리의 관련 규정에 부합해야 한다.

인터넷종교정보서비스의 내용은 본 조례 제45조 제2항의 규정을 위배해서는 안 된다.

제7장 종교재산

제49조

종교단체, 종교학교, 종교활동장소가 법에 의거하여 점유하고 있는

국가나 집체소유의 재산은 법률과 국가의 유관 규정에 따라 관리하고 사용한다. 기타 합법적 재산은 법에 의거하여 소유권 혹은 기타 재산권을 가진다.

제50조

종교단체, 종교학교, 종교활동장소가 합법적으로 사용하는 토지, 합법적으로 소유하거나 사용하는 가옥·구조물·시설 및 기타 합법적인 재산과 수익은 법률의 보호를 받는다.
어떠한 조직이나 개인도 종교단체, 종교학교, 종교활동장소의 합법적 재산을 점거, 약취, 사적 분배, 파손 혹은 불법 차압, 압수, 동결, 몰수, 처분해서는 안 되며, 종교단체, 종교학교, 종교 활동장소가 점유하거나 사용하는 문물을 훼손해서는 안 된다.

제51조

종교단체, 종교학교, 종교활동장소 소유의 가옥과 사용 중인 토지 등의 부동산은 법에 의거하여 현급 이상 지방인민정부 부동산등기기관에 부동산등기를 신청하여 부동산증서를 수령해야한다. 재산권을 변경하거나 이전하게 되면 바로 등기 변경·이전 수속을 거쳐야 한다.
종교단체, 종교학교, 종교활동장소와 관련된 토지사용권을 변경하거나 이전할 때, 부동산등기기관은 해당 인민정부 종교사무부서의 의견을 구해야 한다.

제52조

종교단체, 종교학교, 종교활동장소는 비영리조직이므로 그 재산과 수입은 종지와 부합하는 활동 및 공익자선사업에 사용되어야 하며, 분배해서는 안 된다.

제53조

어떠한 조직이나 개인이 기부하여 종교활동장소를 건설했더라도 해당 종교활동장소의 소유권이나 사용권을 가질 수 없으며, 해당 종교활동장소에서 경제적 이익을 취할 수 없다.
종교활동장소 혹은 대형옥외종교조형물에 투자나 위탁경영을 금지하며, 종교명의의 상업적 선전을 금지한다.

제54조

종교활동장소가 종교활동에 사용하는 가옥, 구조물 및 그에 부속된 종교교역자 생활용도의 집은 양도, 저당 혹은 실물투자 할 수 없다.

제55조

공공이익의 필요에 의해 종교단체, 종교학교 혹은 종교활동장소의 가옥을 수용하려면 가옥 수용과 관련된 유관규정에 따라 집행해야 한다. 종교단체, 종교학교 혹은 종교활동장소는 금전으로 보상 받을 지, 가옥재산권으로 교환받을지, 혹은 재건할 지를 선택할 수 있다.

제56조

종교단체, 종교학교, 종교활동장소, 종교교역자는 법에 의거하여 공익자선사업을 할 수 있다. 어떠한 조직이나 개인도 공익자선활동을 이용하여 선교할 수 없다.

제57조

종교단체, 종교학교, 종교활동장소는 국가의 유관규정에 의거하여 국내외의 조직과 개인의 기부를 받아 그 종지에 부합하는 활동에 사용할 수 있다.

종교단체, 종교학교, 종교활동장소는 국외 조직이나 개인의 조건부 기부를 받을 수 없으며, 접수한 기부금이 10만 위안을 초과하면 현급 이상 인민정부 종교사무부서에 보고하여 심의비준을 받아야 한다.

종교단체, 종교학교, 종교활동장소는 종교적 관례에 따라 공민의 기부를 받을 수 있으나 강요하거나 분담 지우면 안 된다.

제58조

종교단체, 종교학교, 종교활동장소는 국가통일의 재무, 자산, 회계제도를 집행해야 하며, 소재지의 현급 이상 인민정부 종교사무부서에 재무상황, 수지상황, 기부금접수 및 사용상황을 보고하고 그 관리감독을 받아야 하며, 적절한 방식으로 신도들에게 알려야 한다. 종교사무부서는 유관부서와 관련 관리정보를 공유하여야 한다.

종교단체, 종교학교, 종교활동장소는 국가의 유관 재무, 회계제도에 의거하여 회계정산, 재무보고, 재무공개 등의 건전한 제도를 마련해야 한다. 건전한 재무관리기구를 설치하고 필요한 재무회계인원을 배치하여 재무관리를 강화해야 한다.

정부 유관부서는 종교단체, 종교학교, 종교활동장소에 대해 재무, 자산검사와 회계감사를 조직할 수 있다.

제59조

종교단체, 종교학교, 종교활동장소는 법에 의거하여 세무등기를 해야 한다.

종교단체, 종교학교, 종교활동장소와 종교교역자는 법에 의거하여 납세신고를 해야 하며, 국가 유관규정에 따라 세수혜택을 누릴 수 있다. 세무부서는 법에 의거하여 종교단체, 종교학교, 종교활동장소 및 종교교역자에 대해 세수관리를 실시해야 한다.

제60조

종교단체, 종교학교, 종교활동장소가 말소되거나 종료된 경우 재산을 청산해야 하며, 청산 후의 잉여재산은 종지에 부합하는 사업에 사용해야 한다.

제8장 법률책임

제61조

국가업무요원이 종교사무관리 업무 중 직권을 남용하거나, 직무를 소홀히 하거나, 사리사욕을 위해 불법행위를 한다면 처분해야 할 경우는 법에 의거하여 처리하고, 범죄가 성립할 경우 법에 의거하여 형사책임을 물어야한다.

제62조

공민의 종교신앙 혹은 불신앙을 강제하거나, 종교단체, 종교학교, 종교활동장소의 정상적인 종교활동을 방해하면 종교사무부서가 시정명령을 내린다. 치안관리행위를 위반하는 경우 법에 의거하여 치안관리처벌을 내린다.

종교단체, 종교학교, 종교활동장소와 신앙인의 합법권익을 침범하면 법에 의거하여 민사책임을 지우고, 범죄가 성립할 경우 법에 의거하여 형사책임을 묻는다.

제63조

종교극단주의를 선양, 지지, 자금지원 하거나, 종교를 이용해 국가안전, 공공안전을 위협하거나, 민족단결을 파괴하거나, 국가를 분열시키거나, 테러활동을 하거나, 공민의 인권, 민주적 권리를 침범하거나, 사회관리 질서를 방해하거나, 공공과 개인의 재산을 침범하는 등의 위법활동으로 인해 범죄가 성립하면 법에 따라 형사책임을 묻는다. 범죄가 성립하지 않으면 유관부서가 법에 의거하여 행정처벌을 내린다. 공민, 법인 혹은 기타 조직에게 손해를 야기하면 법에 의거하여 민사책임을 지운다.

종교단체, 종교학교 혹은 종교활동장소가 위에 해당하는 행위를 하여 사안이 엄중한 경우, 유관부서가 필요한 조치를 취하여 바로잡는다. 이를 받아들이지 않는 경우, 등기관리기관 혹은 설립비준기관에서 법에 의거하여 등기증서 혹은 설립허가를 취소한다.

제64조

대형종교활동 중 국가안전, 공공안전을 위협하거나 사회질서를 심각하게 파괴하는 상황이 발생하면 유관부서에서 법률, 법규에 의거하여 조치하고 처벌한다. 주최하는 종교단체, 사찰, 도관, 이슬람사원, 교회에 책임이 있을 경우, 등기관리기관이 주요 책임자 교체를 명하고, 사안이 엄중한 경우 등기관리기관이 등기증서를 취소한다.

허가 없이 대형종교활동을 거행하면 종교사무부서에서는 유관부서와 협력하여 활동정지를 명령하고, 이에 더해 10만 위안 이상 30만 위안 이하의 벌금을 부과한다. 위법소득이나 비합법적으로 취득한 재물이 있으면 위법소득과 비합법적 재물을 몰수한다. 그 중 대형종교활동을 종교단체, 종교활동장소가 허가 없이 거행했다면, 등기관리기관이 해당 종교단체, 종교활동장소의 직접적 책임자 교체를 명할 수 있다.

제65조

종교단체, 종교학교, 종교활동장소가 아래 중 하나에 해당하는 행위를 하면, 종교사무부서가 시정을 명한다. 사안이 비교적 엄중한 경우, 등기관리기관 혹은 설립비준기관에서 해당 종교단체, 종교학교, 종교활동장소의 직접적 책임자 교체를 명한다. 사안이 엄중한 경우, 등기관리기관 혹은 설립비준기관이 일상활동 금지를 명하고, 관리조직 개편, 기한 내 시정을 명하며, 이를 거부할 경우 법에 의거하여 등기증서 혹은 설립허가를 취소한다. 위법소득, 비합법적 재물이 있으면 몰수한다.

(1) 규정에 따라 등기변경 혹은 등록수속을 하지 않은 경우
(2) 종교학교가 인재양성목표, 학사규정, 교과과정설치의 요구를 위반한 경우
(3) 종교활동장소에서 본 조례 제26조 규정을 위반하여 유관관리제도를 만들지 않았거나, 관리제도가 요구에 부합하지 않을 경우
(4) 종교활동장소가 본 조례 제54조 규정을 위반하여 종교활동용 가옥, 구조물 및 부속 종교교역자의 생활용도의 방을 양도하거나, 담보 잡히거나, 혹은 실물투자하는 경우
(5) 종교활동장소에서 중대사고, 중대사건이 발생했음에도 즉시 보고

하지 않아 심각한 결과를 야기한 경우
(6) 본 조례 제5조 규정을 위반하여 종교의 자립, 자주, 자영의 원칙을 위배한 경우
(7) 국가 유관규정을 위배하고 국내외 기부를 받은 경우
(8) 행정관리기관이 법에 의거하여 시행하는 관리감독을 거부한 경우

제66조

임시활동지점의 활동이 본 조례의 관련규정을 위반하면 종교사무부서가 시정을 명한다. 사안이 엄중한 경우 활동정지를 명하고, 해당 임시활동지점을 취소한다. 위법소득이나 비합법적으로 취득한 재물이 있으면 몰수한다.

제67조

종교단체, 종교학교, 종교활동장소가 재무, 회계, 자산, 세수에 관한 국가 관리규정을 위반한 경우, 재무, 세무 등의 부서가 관련규정에 의거하여 처벌한다. 사안이 엄중한 경우 재정, 세무부서의 의견에 따라 등기관리기관 혹은 설립비준기관에서 해당 등기증서 혹은 설립허가를 취소한다.

제68조

종교적 내용을 포함하고 있는 출판물, 혹은 인터넷종교정보서비스가 본 조례 제45조 제2항의 금지내용을 포함하고 있다면, 유관부서가 해당 책임기관 및 책임자에 대해 행정처벌을 내린다. 범죄가 성립하면, 법에 의거하여 형사책임을 묻는다.

허가 없이 인터넷종교정보서비스에 종사하거나, 승인 및 등록 항목을

넘어선 서비스를 제공하는 경우, 유관부서에서 관련 법률과 법규에 의거하여 처리한다.

제69조

종교활동장소가 허가 없이 설립되었거나, 등기가 취소되었거나 등기증서가 말소되었음에도 여전히 종교활동을 하거나, 허가 없이 종교학교를 설립하는 경우 종교사무부서에서 유관부서와 협력해 금지명령을 내린다. 위법소득이나 비합법적으로 취득한 재물이 있으면 위법소득과 비합법적 재물을 몰수한다. 위법소득의 액수를 확정할 수 없다면 5만 위안 이하의 벌금에 처한다.

위법 가옥 및 구조물은 계획, 건설 등의 부서에서 법에 의거하여 처리한다. 치안관리 위반행위를 하면 법에 의거하여 치안관리처벌을 받는다.

비종교단체, 비종교학교, 비종교활동장소, 비지정임시활동지점이 종교활동을 조직, 거행하고 종교성 헌금을 받으면, 종교사무부서가 공안, 민정, 건설, 교육, 문화, 여행, 문물 등의 유관 부서와 협력해 활동정지를 명한다. 위법소득이나 비합법적재물이 있으면 위법소득과 비합법적재물을 몰수하고, 이에 더해 위법소득의 1배 이상 3배 이하의 벌금에 처할 수 있다. 위법소득의 금액을 확정할 수 없는 경우 5만 위안 이하의 벌금에 처한다. 범죄가 성립하면 법에 의거하여 형사책임을 묻는다.

제70조

허가 없이 공민을 조직해 출국하여 종교적 성격의 연수, 회의, 순례 등의 활동에 참가하거나, 허가 없이 종교교육연수를 실시하면, 종교사무부서에서 유관부서와 협력해 활동정지를 명하고, 이에 더해 2만 위안 이상 20만 위안 이하의 벌금에 처할 수 있다. 위법소득이 있으면 위법소득을 몰수하고, 범죄가 성립하면 법에 의거하여 형사책임을 묻는다.

종교학교 이외의 학교나 기타 교육기관에서 선교하거나, 종교활동을 거행하거나, 종교조직을 구성하거나, 종교활동장소를 설립하면 심의 비준기관 혹은 기타 유관부서에서 기한 내 시정을 명하고 경고한다. 위법소득이 있으면 위법소득을 몰수한다. 사안이 엄중한 경우 신입생 모집정지를 명하고, 학사허가를 말소한다. 범죄가 성립하면 법에 의거하여 형사책임을 묻는다.

제71조

위법 종교활동에 조건을 제공하는 경우 종교사무부서에서 경고를 주고, 위법소득이나 비합법적 재물이 있으면 위법소득과 비합법적 재물을 몰수한다. 사안이 엄중한 경우 이에 더해 2만 위안 이상 20만 위안 이하의 벌금에 처한다. 위법 가옥, 구조물이 있으면 계획, 건설 등의 부서에서 법에 의거하여 처리한다. 치안관리위반행위를 하면 법에 의거하여 치안관리처벌에 처한다.

제72조

본 조례규정을 위반하고 대형옥외종교조형물을 만들 경우 종교사무부서가 국토, 계획, 건설, 여행 등의 부서와 협력해 시공 정지 및 기한 내 철거를 명령한다. 위법소득이 있으면 위법소득을 믈수한다. 사안이 엄중한 경우 이에 더해 조형물 건설공사비용의 5%이상 10%이하의 벌금에 처한다.

종교활동장소 혹은 대형옥외종교조형물에 투자하거나 위탁경영을 하는 경우, 종교사무부서에서 공상, 계획, 건설 등의 부서와 협력해 시정을 명하고, 위법소득을 몰수한다. 사안이 엄중한 경우 등기관리기관에서 해당 종교활동장소의 등기증서를 말소하고, 법에 의거하여 관련자의 책임을 묻는다.

제73조

종교교역자가 아래 중 하나에 해당하는 행위를 하면, 종교사무부서에서 경고를 주고, 위법소득과 비합법적 재물을 몰수한다. 사안이 엄중한 경우, 종교사무부서가 유관 종교단체, 종교학교, 종교활동장소의 교무활동을 일시 정지시키거나 종교교역자의 신분을 취소시킨다. 아울러 유관 종교단체, 종교학교 혹은 종교활동장소의 책임자의 책임을 묻는다. 치안관리 위반행위를 하면 법에 의거하여 치안관리처벌을 한다. 범죄가 성립하면 법에 의거하여 형사책임을 묻는다.

(1) 종교극단주의를 선양, 지지, 자금지원하여 민족단결을 깨뜨리고, 국가를 분열시키며 테러활동 혹은 관련 활동에 참여하는 경우
(2) 국외세력의 지배를 받거나, 허가 없이 국외종교단체 혹은 기관에서 위임한 교직을 받거나, 그 외 종교의 독립 자주 자영 원칙을 위배한 경우
(3) 국가 유관규정을 위배하고 국내외 기부금을 받은 경우
(4) 비준을 받지 않고, 종교활동 밖에서 거행하는 종교활동을 조직하거나 주관한 경우
(5) 기타 법률, 법규, 규정을 위반한 경우

제74조

가짜 종교교역자가 종교활동을 진행하거나, 재물 등을 편취하는 위

법활동을 하는 경우, 종교사무부서에서 활동정지를 명한다. 위법소득과 비합법적 재물이 있으면 위법소득과 비합법적 재물을 몰수하고, 이에 더해 1만 위안 이하의 벌금에 처한다. 치안관리위반행위가 있으면 법에 의거하여 치안관리처벌을 내리며, 범죄가 성립하면 법에 의거하여 형사책임을 묻는다.

제75조
종교사무부서의 행정처분에 불복하는 경우 법에 의거하여 행정재결을 청구할 수 있다. 행정재결의 결정에 불복하는 경우 법에 의거하여 행정소송을 제기할 수 있다.

제9장 부칙

제76조
중국본토에서 홍콩특별행정구, 마카오특별행정구, 대만지역과 종교교류를 할 경우, 법률, 행정법규, 국가 유관규정에 의거하여 처리한다.

제77조
본 조례는 2018년 2월 1일부터 시행한다.

수정 종교사무조례 평석

평석에 들어가며

사회주의 국가인 중국에도 종교신앙의 자유는 헌법으로 보장된다. 물론 그것은 일반적으로 말하는 종교자유와는 다른 차원의 자유이다. 다양한 금기와 제한을 전제로 하는 것이기 때문이다. 중국의 헌법에서 말하는 종교신앙의 자유는 개인적 차원의 신앙을 허용한다는 뜻일 뿐, 그 적극적 실천에 해당하는 집회와 결사의 자유는 제한된다. 그래서 종교신앙의 자유를 천명한 헌법 제36조에는 아이러니하게도 종교의 사회적 실천행위에 대한 금지사항들이 함께 나열된다. 종교선전의 금지, 사회질서, 공민의 신체건강, 그리고 국가의 교육제도에 위해를 끼치는 행위의 금지, 외국과의 연계의 금지 등이 그것이다. 요컨대 종교신앙의 자유는 국가가 인정하는 범위 내에서의 자유인 것이며, 나아가 중화민족의 부흥을 위해 세속적 역할을 다하는 차원에서의 자유인 것이다.

원래 계급모순을 인류의 주요모순으로 규정하고 그 해결의 길을 걷고자 했던 공산주의 사상에 있어서 종교는 불편한 의식형태였다. 종교가 피압박 민중의 탄식임에 분명하지만 항의와 저항의 길 대신 포기와 수용의 길을 제시함으로써 해방운동의 동력을 약화시킨다고 판단하였기 때문이다. 종교가 인민의 아편(마르크스), 정신계의 싸구려 술(레닌)로 규정된 것도 이러한 사정과 무관하지 않다. 공산주의의 이상을 중국에 구현하고자 하였던 중국의 공산당 역시 종교를 계급소멸과 함께 사라질 반동적 의식형태로 규정하였다.

그럼에도 중국공산당의 초기부터 종교신앙의 자유는 보장되어왔다. 마르크스사상에서 인정하는 바와 같이 그것이 인류와 시말을 같이 하는 장기성을 갖는다는 점, 많은 대중을 포용해야 하는 통일전선의 구축에 지대한 영향을 끼친다는 점을 중시하였기 때문이다. 다만 이것은 종교자체의 가치에 대한 인정이라기보다는 종교의 현실성과 정치적 효용성에 대한 소극적인 용인에 가깝다.

그런데 이후 종교문제 처리의 경험이 축적됨에 따라 중국공산당은 점차 소극적인 차원에서 적극적인 차원으로 종교를 인정하는 정도를 높여간다. 대체적으로 그들의 종교에 대한 인정은 종교에 대해 반동적 의식형태 → 사회역사문화 현상 → 인류문명의 구성부분으로 그 인정의 수준을 높이는 방향으로 관점변화의 궤적을 그려온 것으로 개관된다.

특히 2016년 시진핑은 중국특색사회주의 종교를 새로운 과제로 제시하면서 종교에 대한 적극적 역할수행을 주문하기에 이른다. 그것은 중화민족의 위대한 부흥이라는 중국의 꿈을 실현하는데 역할을 다하는 종교를 지향한다. 종교를 정치적 목표를 실현하는 역량으로 활용하고자 하는 것이다. 그리하여 종교의 중국화, 중국특색 사회주의종교이론의 수립, 사회주의핵심가치관의 종교적 실천 등과 같은 다양한 구호가 출현하게 된다.

이렇게 중화민족의 위대한 부흥이라는 목표를 실현하는 역량으로 종교를 끌어안기로 한 이상 그에 대한 법규적 보장과 통제는 필수불가결한 일에 해당한다. 중국 공산당은 이를 위해 다양한 법규를 제정하여 시행하여왔는데 그 결정판이 바로 국무원령으로 시행되는 「종교사무조례」이다. 「종교사무조례」는 종교법규의 총결판으로서 2005년 3월부터 시행되어 오다가 새롭게 수정되어 2018년 2월 시행을 앞두고 있다. 원래 「종교사무조례」는 종교의 시민권에 대한 인정이 법적 차원에서 명문화되었다는 의미를 갖는다. 그럼에도 이러한 종교신앙에 대한 보장의 역사가 종교 통제의 세련화 역사이기도 하다는 점에 있어서는 변함이 없다. 수정조례 역시 이러한 원칙선 상에 서 있음은 물론이다. 구조례에 비해 종교에 대한 보장이 구체화되었을 뿐만 아니라 그에 대한 통제의 조항들도 보다 면밀하고 광범위하게 보완되었다는 뜻이다.

구조례는 12년이 지난 2017년 현재의 시점에서 볼 때 변화된 종교적 상황과 국제적 환경에 대처하기 어려운 한계를 갖고 있다는 비판을 받아왔다. 특히 종교사무의 법치화 수준 제고에 대한 당중앙과 종교계의 요구를 반영하지 못하고 있다는 비판들이 있었다. 이러한 요구에 대한 응답이 바로 2018년 시행이 예고된 수정조례인 것이다. 개정작업을 총괄했다고 할 왕줘안(王作安) 종교사무국 국장의 개괄에 의하면 수정조례는 새로운 환경 속에서 새롭게 제기된 종교문제의 해결을 지향하고 있다. 외세 침입의 문제, 종교극단사상의 문제, 인터넷종교정보서비스의 문제, 종교상업화의 문제, 비법적 종교활동의 문제, 종교유동인구 증가의 문제, 종교조직과 유관기관의 이익분규 문제 등을 해결할 새로운 준칙제정의 요구가 있었고 수정조례에서 이를 적극 수용하고자 했다는 것이다.

이에 국가종교사무국에서는 「종교사무조례」 심의본을 기초하여 국무원에 보고하였고, 국무원에서는 법제처 주관으로 수차에 걸쳐 관련 부서, 각 성급 인민정부, 전국 종교단체 및 전문가의 의견을 청취하는 한편, 사회적 의견청취절차를 밟았으며, 나아가 국가종교국의 직접적인 현장조사가 실시되었다. 이를 기초로 다시 국무원 법제처에서는 국가종교사무국 등 관련부서와 협조하여 심의본에 대한 검토와 수정작업을 거쳐 「종교사무조례」 수정안을 마련하였고, 이 수정안이

2017년 6월 14일, 국무원 상무회의에서 심의통과되어 동년 8월 26일, 국무원령으로 공포되었으며, 2018년 2월 1일 시행을 앞두게 된 것이다.

전체 수정조례는 총칙, 종교단체, 종교학교, 종교활동장소, 종교교역자, 종교활동, 종교재산, 법률책임, 부칙 등 전체 9장으로 구성되어 있다. 이 중 종교학교, 종교활동의 두 장은 신설된 것이고, 기존의 각 장에도 인터넷종교활동, 종교재산, 종교활동장소의 재무제도와 법률적 책임 등을 명시한 조문이 다수 추가되었다. 수정조례에는 구조례에 비해 3분의 1이 넘는 내용이 추가된 것이어서 새로운 제정에 가까운 작업이 행해졌다고 이야기된다.

그렇다면 우리는 수정조례를 어떤 관점에 의해 보아야 하는가? 종교사무국의 공식적 입장에 의하면 수정조례는 두 가지의 보호, 두 가지의 명시, 두 가지의 규범화라는 6가지의 특징을 갖는다. 그에 대한 해석은 다르겠지만 개정 주체인 국가종교국의 이러한 소개는 수정조례의 특징을 잘 요약하고 있다고 판단된다. 따라서 이 6가지를 기준으로 수정조례의 특징을 살펴볼 필요가 있을 것으로 보인다.

먼저 두 가지의 보호는 종교신앙의 보호와 국가사회안전의 보호를 내용으로 한다. 여기에는 종교에 대한 보장과 통제의 상반된 두 원칙이 담겨있다. 종교가 국가안전, 사회화합에 장애가 될 때에는 통제의 대상이 된다는 뜻을 담고 있기 때문이다. 먼저 종교신앙에 대한 보호가 있다. 그것은 종교조직을 위한 공공 서비스의 보장, 법인자격의 보장, 종교학교의 교사자격과 학생들의 학위취득제도에 대한 보장, 종교건축의 건축과 사용권의 보장, 관광지 내 종교조직과 신도들의 합법권익 보장, 종교교역자의 공익자선활동 보장, 종교교역자의 사회보장, 재산권속 보장, 종교건축물의 배타적 소유권과 사용권 보장 등을 내용으로 한다.

다음으로 국가안전, 사회화합에 대한 보호의 원칙이 있는데 이는 종교신앙에 대한 보호에 우선한다. 합법은 보호하겠지만 종교행위가 불법, 극단, 침투, 범죄로 해석될 경우 통제 내지 처벌의 대상으로 삼겠다는 것이다. 구체적으로 국가안전에 위해가 되는 행위, 종교극단주의를 선양하거나 지지하고 지원하는 행위, 민족과 국가의 단결을 파괴하는 행위, 테러행위, 종교조직으로 인정받지 못한 개인과 단체의 종교행위, 일반학교에서의 선교행위, 불법적 인터넷종교정보서비스 행위, 공익자선활동을 빙자한 선교행위, 부대적 조건을 세워 종교헌금을 수수하는 행위, 외국종교세력의 침투 행위 등은 금지나 처벌의 대상이 된다.

두 가지의 명시는 종교활동장소의 법인자격과 종교재산권의 명시, 종교계 상업화 경향 억제의 명시를 내용으로 한다. 역시 종교활동에 대한 보장과 통제라는 모순된 원칙이 적용되고 있다. 우선 종교조직의 법인자격과 종교재산권의 명시는 종교를 보호하기 위한 조치에 해당한다. 종교의 상업화는 경제질서에 대한 심각한 왜곡을 초래할 수 있으므로 통제와 금지의 대상이 된다. 원론적으로는 큰 문제가 없어 보이지만 적용하기에 따라서 자금의 운용이 수반되는 모든 종교활동에 대한 강력한 통제의 기능을 발휘할 수 있다.

두 가지의 규범은 종교계 재무관리의 규범화, 인터넷종교정보서비스의 규범화를 내용으로 한다. 그것은 종교의 출로모색에 대한 강력한 통제기능을 목적으로 하고 있는 것으로 보인다. 특히 종교조직의 재무, 회계에 대한 감사와 심의의 권한을 정부기관에 두어 강력한 통제가 가능할 것으로 보이며 인터넷 활동에 대한 제한조치 역시 그러하다.

이상으로 국가종교사무국에서 밝힌 6가지 특징을 살펴보았거니와,

여기에 더해 8가지 특징을 드는 학자도 있고, 10가지 특징을 드는 법조인도 있다. 이를 함께 도표로 묶어 비교하면 다음과 같다.

국가종교국 (6대요점)	진이밍(金易明)[1] (8대요점)	왕성리(王胜利)[2] (10대요점)
종교신앙의 자유와 종교계 합법권익 보호		
국가안전, 사회화합 보호	국가안전 위해행위 금지	국가사회 안전 파괴행위 금지와 종교조직의 법률책임 강화
종교조직의 법인자격과 종교재산권의 명시	합법재산 보호	법인자격 명시 합법재산 보호
종교계상업화 억제 명시		
종교계 재무관리 규범화	종교 자산관리 규정	종교 재무회계 관리 강화
인터넷 관리 규범화	인터넷 관리 규정	인터넷 관리 규정
	종교교육의 보장	종교교육의 보장과 비종교조직의 종교교육 금지
	종교활동장소 직능 규정	종교활동장소의 새로운 규정과 보장, 임시활동지점 규정 추가
	종교활동에 대한 정부기관의 책임 규정	관광지 종교조직의 권익보장
	종교단체의 직능 강화	
		종교교역자의 사회보장 가입 자선활동권장 및 제한

위의 도표를 통한 해석에도 잘 나타나 있는 바와 같이 종교법은 법에 의한 종교업무의 관리를 목적으로 하므로 필연적으로 종교에 대해 보장하는 기능과 관리통제하는 기능을 동시에 갖게 된다. 그리고

1) 上海佛学院 教授

2) 北京致诚社会组织矛盾调处与研究中心的执行主任

2018년부터 시행될 수정조례는 관리통제의 기능이 자유보장의 기능을 압도한다. 수정조례의 5대원칙으로 꼽히는 합법보호, 불법단속, 극단억제, 침투저지, 범죄처벌의 원칙만 해도 보장원칙과 통제원칙의 비율이 1:4가 된다. 종교사무국에서도 이 점을 의식하였던지 뒤의 4가지 통제원칙이 앞의 1가지 보장원칙을 지키기 위한 것이라는 설명을 내놓기도 하였다. 그럼에도 이것이 종교의 관리통제를 위한 법률적 장치라는 점은 분명해 보인다.

위의 표에 언급되지 않았지만 수정조례에서 특별히 주목해야 할 특징으로 꼽히는 다음과 같은 항목들도 주목을 요한다. 우선 임시활동지점에 대해 신설된 규정이 있다. 이 임시종교활동장소에 관한 규정의 신설 자체는 통제의 기능강화를 목적으로 한다. 원래 구조례에는 가정교회에 대한 조문이 없어 그 활동이 관리의 사각지대에 놓여 있었고, 그래서 종교계에서는 제한된 방식이기는 했지만 종교적 활동공간을 확보할 수 있었다. 그런데 이에 대한 관리규정이 신설됨에 따라 규정에 부합하지 않는 제반 활동들이 모두 불법으로 간주되는 상황이 되어 단속, 억제, 저지, 처벌의 대상이 된 것이다.

그런데 이 조문은 수정조례의 숨겨진 특징으로 지목되며 가정교회를 위해 쪽문을 열어놓았다는 평을 듣기도 한다. 가정교회는 수정조례에 의하면 합법이 아니므로 단속, 억제, 저지, 처벌의 대상이 된다. 그러지 않기 위해서 합법의 범주에 들어가는 수속을 밟아야 하는데 그 수속의 주체는 기독교양회라 불리는 기독교삼자애국운동위원회나 기독교협회가 되어야 한다. 그것은 가정교회가 스스로 양회의 구성조직이 되어야 가능한 일이므로 가정교회로서는 수용할 수 없는 조건에 해당한다. 그런데 제35조에 아직 정식 종교활동장소의 조건을 구비하지 않은 종교조직을 임시활동지점으로 지정할 수 있다는 규정이 제시되어 있다. 비록 현급인민정부 사무부서에서 소재지 애국종교단체의 의견을 사전에 청취한다는 전제 조건이 제시되어 있기는 하지만 이것은 상당히 완화된 내용을 포함하고 있다. 애국종교단체의 소속이 되는 일과 그 협조를 얻는 일은 전혀 다른 일이기 때문이다. 이후 가정교회의 활동은 전에 비해 크게 위축되겠지만 여전히 이 조문에 근거하여 활동할 가능성은 열려 있는 셈이다.

다음으로 종교사무부서가 아닌 여타 부서에도 그 관리의 책임을 함께 부여하고 있다는 것이 수정조례의 한 특징으로 지목된다. 종교사무부서가 편제되어 있는 현급 이상 인민정부는 물론 종교사무부서가 없는 향급 인민정부에서는 사안별로 유관부서 간 협조를 통해 해당 지역의 종교사무관리업무의 책임을 진다. 나아가 촌민위원회, 주민위원회에까지 인민정부의 종교관리사무에 협조할 책임을 부과하고 있다. 이를 통해 효과적인 종교관리를 위한 빈틈없는 관리시스템을 구축하고자 하는 것으로 보인다.

다음으로 종교헌금과 벌금 등의 액수를 구체적으로 밝힌 것도 중요한 특징에 해당한다. 종교헌금은 10만 위안 이하로 제한된다. 이를 초과할 시 종교사무부서의 심의와 허가를 받아야 한다. 각종 조례에 위반하는 종교활동에 대해서는 행정조치에 더해 벌금부과의 조치가 행해지며 구체적 금액이 명시되어 있다. 예컨대 허가 없이 거행되는 대형종교활동에 대해서는 중지명령과 함께 10만 위안 이상 30만 위안 이하의 벌금이 부과되고, 허가 없이 설립운영되는 종교조직에 대해 이를 금지하고 위법소득에 대한 몰수조치가 행해지며, 그 위법금액의 액수를 확정할 수 없을 경우 5만 위안 이하의 벌금이 부과된다. 허가받지 않은 종교조직의 종교활동은 정지명령과 함께 위법소득 등을 몰수하고 그 위법소득 금액의 1~3배 이하의 벌금을 부과하며 위법소득금액의 액수를 확정할 수 없을 경우 5만 위안 이하의 벌금을 부과한다. 허가받지 않은 외국순례, 종교교육과 종교연수에 대해서는 정지명령과 함께 2만 위안 이상 20만 위안 이하의 벌금이 부과된다. 위법종교활동에 조건을 제공하는 경우 위법소득을 몰수하며 상황이 엄중한 경우 2만 위안 이상 20만 위안 이하의 벌금을 부과한다. 종교교역자로 인정을 받지 못한 사람의 종교활동에 대해서는 금지조치와 함께 위법소득의 몰수조치가 행해지며 여기에 더해 1만 위안 이하의 벌금이 부과된다. 이렇게 구체적 금액이 명시된 벌금부과는 대체로 정지, 몰수 등의 조치에 더해 이중처벌의 방식으로 내려지므로 심리적 구속력이 클 것으로 생각된다.

중국의 당과 정부에서 강조하는 중국식 정교분리의 원칙도 주목해야 할 특징에 해당한다. 중국식이라는 수식어를 붙인 것은 이 정교분리가 정치, 문화, 교육 등에 대한 종교의 개입을 금지한다는 일방적인 의미를 갖고 있을 뿐, 정치의 종교에 대한 개입과 통제는 얼마든지 가능한 정교분리를 뜻하고 있기 때문이다. 바로 이 정교분리의 원칙에 의해 티베트불교나 신장의 이슬람교는 정교통합의 전통을 유지할 수 없게 될 것으로 보인다.

이와 같이 통제가 보장을 압도하는 내용으로 구성되어 있음에도 불구하고 본 수정조례는 기왕의 종교관련 법규에 비해 공민의 종교자유를 보장하는 구체적 조항들을 다수 포함하고 있음을 잊어서는 안 될 것으로 보인다. 이에 대해서는 구체적 조항들에 대한 평석을 통해 살펴보게 될 것이다.

중국의 종교사무조례는 쉽게 읽혀지지 않는다. 각각의 조문에 특수한 중국적 상황과 중국적 문제의식이 반영되어 있기 때문이다. 이에 각 조문마다 그러한 규정을 필요로 하는 사회적 배경과 정치적 목적,

정책적 지향과 조문의 기능, 예기되는 효과 등에 대한 분석을 내용으로 하는 평석작업을 진행하였다. 평석작업은 국가종교사무국 등에서 제공하는 다양한 관련자료와 국가적 권위를 갖는 해석들[1], 보세사회과학연구망(普世社会科学研究网) 등에 탑재된 학문적 분석들,[2] 왕이(王怡) 등의 종교적 입장의 분석들[3]을 두루 참고하면서 진행되었다. 또한 싱푸증(邢福增) 등 홍콩과 타이완의 비판적 견해들[4]도 반영하였다.

그 밖에 중국종교에 나타나는 특별한 용어들에 대해서도 각 조문에서 보다 자세하게 살펴보게 되겠지만 우선 여기에 '일러두기'식 간략한 설명을 붙이고자 한다.

먼저 종교단체라는 용어가 나오는데 일반적 의미로 보면 오해가 일어난다. 중국에서 종교단체는 오직 법률적으로 인정받는 5대종교의 대표조직을 가리키는 말이다. 구체적으로 불교협회, 도교협회, 이슬람교협회, 천주교애국회, 천주교주교단, 기독교삼자애국운동위원회, 기독교협회가 이에 속한다. 전국적 종교단체와 지역 종교단체로 나뉘는데 그 상호간에 약간의 위계관계가 존재한다.

종교활동장소라는 용어 역시 일반적 의미로 이해해서는 안 된다. 종교활동장소는 법에 따라 등기된 종교시설을 가리킨다. 구체적으로 불교의 사찰, 도교의 도관, 이슬람사원, 천주교의 성당, 기독교의 교회가 이에 속한다. 종교활동장소에는 기타 고정된 종교활동장소가 있을 수도 있는데 위의 종교시설 외에 상시적 집체종교활동이 이루어지는 비교적 작은 규모의 장소를 가리킨다. 법에 따라 등기된 장소라는

---

1) 「新修订宗教事务条例释义」 등
2) 「依法治国与宗教事务条例修订」 등
3) 王怡, 「我对新宗教事务条例的五个立场」 등
4) 邢福增, 「践行社会主义核心价值观是宗教信仰的核心价值吗」 등

점에 있어서는 차이가 없다.

종교사무부서는 구체적으로 국무원의 국가종교사무국과 각급 인민정부의 종교사무국을 가리키는데, 종교사무국은 현급 이상 인민정부에 설치된다.

촌민위원회는 향(乡)과 진(镇)의 인민자치조직인데 선거를 통해 대표를 선출하며 일정한 행정적 권한과 책무를 갖는다. 주민위원회(居民委员会)는 촌민위원회와 동일한 기층자율조직으로서 도시는 주민위원회, 농촌은 촌민위원회라 부른다.

임시활동지점은 종교사무국의 허가를 받아 임시로 운영되는 종교활동장소를 가리키며 이를 별도로 관리하는 규정이 제정되어 있다.

수정 종교사무조례 평석

제1장 총칙 (제1조~제6조)

제1장 총칙은 전체 6개 조항으로 구성되어 있으며, 종교사무관리 조례 제정의 원칙(제1조), 종교신앙의 자유와 실천적 제한의 원칙(제2조), 종교사무관리의 합법보호와 불법차단의 원칙(제3조), 종교의 합법적 권익에 대한 보장과 사회주의사회로의 적응방침(제4조), 종교의 독립 및 외세의 배제원칙(제5조), 종교사무관리의 주체에 각급 인민정부를 포함한다는 원칙(제6조)를 포함한다. 이 중 합법보호와 불법차단의 원칙을 밝힌 제3조는 구조례에 없던 것이 신설된 것이다.

□ 제1조

구조례 (2005)	수정조례 (2018)
제1조 공민의 종교신앙의 자유를 보장하고, 종교의 화목과 사회의 조화를 유지하며, 종교사무의 관리를 규범화하기 위해 헌법과 유관법률에 의거하여 본 조례를 제정한다.	제1조 공민의 종교신앙의 자유를 보장하고, 종교의 화목과 사회의 조화를 유지하며, 종교사무의 관리를 규범화하고, 종교업무의 법치화 수준을 높이기 위해 헌법과 유관법률에 의거하여 본 조례를 제정한다.

[내용]

본 조항은 구조례 제1조의 내용을 일부 수정보완한 것이다. 종교사무 관리의 원칙을 밝히고 있다.

[평석]

'종교업무의 법치화 수준을 높인다'는 문구는 구조례나 종교사무조례 심의본[5]에도 없던 것이다. 2016년 9월 8일 공표된 심의본은 2017년 6월 14일 국무원 제176차 상무회의에 상정되기까지 약 10개월간의 의견청취 기간을 거친 바 있다. 이 과정에서 위 해당 문구의 추가가 결정된 것이다.

공산화 이후 중국의 현대사는 공산당의 영도성을 확립하고 중국식 사회주의 제도를 강화해온 역사이다. 그러다보니 공산당의 권위가 헌법을 압도하는 위치에 있게 되고, 당 간부들의 법치의식 또한 상대적으로 부족할 수밖에 없는 상황이 이어져 왔다. 헌법을 침해하거나 입법법을 준수하지 않는 행정조치들이 수시로 행해져 온 것도 이와 무관하지 않다.

경제사회의 발전에 호응하지 못하는 이러한 법률의식과 법률체계는 중국의 지속발전에 대한 장애가 되어왔다. 그리하여 개혁개방 이후 사람에 의한 관리에서 법에 의한 관리로의 전환이 요구되어왔고, 법치수준의 강화를 위한 부단한 노력이 경주되어 왔던 것이다. 이와 관련하여 시진핑을 총서기로 하는 중국 공산당 제18기 4중전회에서는 법치 전면화의 중요한 선언[6]을 내놓는다. 이것은 법치화를 향한 기왕의 노력들을 총결하여 공산당 역시 법치의 영역에 포함시키겠다는 선언에 다름 아니다. 또한 시진핑을 핵심으로 재출범을 알리는 2017년 공산당 제19기 대회에서는 법에 의거한 국가통치, 중국특색사회주의 법치체계 건설, 사회주의 법치국가 건설의 원칙이 강조된다.

종교관리의 법치수준 제고를 표방한 수정조례는 이러한 법치 전면화의 일환에 해당한다. 수정조례는 특히 2016년 전국종교공작자회의

---

5) 「宗教事務條例修訂草案(送審稿)」.

6) 「中共中央关于全面推进依法治国若干重大问题的决定」.

에서의 시진핑 강화와 직접적으로 연관되어 있다. 시진핑이 이 회의에 출석하여 종교업무 법치화 수준의 제고를 강조한 것이 2016년 4월 23일의 일이고, 종교업무 법치화 수준의 제고를 표방한 수정조례(심의본)가 공표된 것이 2016년 9월 8일의 일이다. 그러니까 시진핑 강화는 구조례의 수정작업을 추동한 것임에 틀림없다.

종교업무의 법치화에 대한 노력은 1982년의 19호 문건[7]에서 촉발된 뒤, 1993년 법치방침을 명시한 장쩌민의 '세 마디 말(三句话)'로 구체화된다. 2005년부터 시행된 「종교사무조례」(이하 구조례)는 이러한 법치화 노력의 1차 결집이라 할 만하다. 법률에 따라 정부의 종교관리업무를 규범화하고, 법률을 통해 종교의 각종 사회적 관계를 조절관리하겠다는 것이다.

수정조례에서는 법치화 수준의 제고라는 문구를 명시함으로써 종교관리의 주체가 되는 정부기관과 관리의 대상이 되는 종교계에 이러한 메시지를 분명하게 전달하고자 한다. 특히 정신적 치외법권의 위치를 확보하고자 하는 종교계에 대해 '종교는 치외법권이 아니다'는 점을 강조하고자 하는 의도가 읽힌다.

종교사무의 법치수준을 제고한다는 이 원칙을 실천하게 되면 최근 10여 년간 비교적 느슨했던 종교관리의 시대는 종말을 고하게 된다. 종교부서는 물론 말단의 지방관리들까지 수정조례에 따라 각종 종교활동을 관리하는 권한과 책무를 갖게 될 것이기 때문이다.

한편 종교계와 법조계에서는 법치화 원칙의 구현물인 수정조례에 대해 법리적 관점에서 비판을 내놓는다. 이것이 헌법이 명시한 종교자유 보장의 원칙에 위반되므로 불법이며, 관련법률에 의거한다고 했는

7) 「关于我国社会主义时期宗教问题的基本观点和基本政策」(中发19号).

데 그에 해당하는 관련법률을 구체적으로 밝히지 않았으므로 이 또한 불법이라는 비판이 주를 이룬다. 또한 헌법이 보장하는 공민의 기본 권리에 대해 국무원이 행정허가나 행정제한을 내용으로 하는 조례를 제정할 권리가 없다는 주장도 보인다.

사실 중국의 헌법 제36조에는 종교신앙 자유의 보장 원칙과 종교 활동에 대한 제한의 원칙이 함께 제시되어 있다. 공산당과 정부의 입장에서는 신앙인 대중과 국제사회를 향해 중국의 종교자유 정책을 천명하는 깃발이 된다. 그러나 종교인의 입장에서 종교자유는 종교와 관련된 개인적, 집체적 신념, 선전, 교화, 언론, 행동, 결사의 자유를 포함한다는 국제법의 규정에 부합하는 것이라야 한다. 헌법에 대한 해석이 달라질 수밖에 없는 것이다.

종교법치화 수준의 제고라는 원칙에 맞게 조례의 수준을 넘어 정식으로 종교법을 수립하자는 주장도 재야 법조계와 종교계를 중심으로 제기되기도 한다. 그러나 공산당과 정부에서는 자승자박이 될 수도 있는 종교법의 제정요구를 원천 봉쇄하는 입장을 취하고 있다.

□ 제2조

구조례 (2005)	수정조례 (2018)
제2조 공민은 종교신앙의 자유를 가진다. 어떠한 조직이나 개인도 공민에게 종교를 신앙하거나 신앙하지 못하도록 강제해서는 안 되며, 종교를 신앙하는 공민(이하 신앙인)이나 종교를 신앙하지 않는 공민(이하 비신앙인)을 차별해서는 안 된다. 신앙인과 비신앙인, 그리고 서로 다른 종교를 신앙하는 공민들은 상호 존중하며 화목하게 공존해야 한다.	제2조 (구조례와 동일)

[내용]

본 조항은 구조례 제2조의 내용과 동일하다. 신앙의 종교신앙의 자유와 실천상의 제한사항을 밝히고 있다.

[평석]

전체 조문은 단어의 선택이 다를 뿐, 종교신앙의 자유를 천명한 헌법 조문(제36조)의 전반부와 완전히 일치한다. 본 조례에서 말하는 종교신앙의 자유는 국제적 기준과 다르다. 예를 들어 '모든 국민의 종교 자유, 국교의 부정, 정교의 분리' 원칙을 명시한 대한민국의 헌법과 비교할 때 그 차이는 분명해진다. 개인적 종교신앙의 자유를 가질 뿐, 그 종교적 신념을 공개적으로 주장하거나 실천하는 일이 제한되어 있기 때문이다.

□ 제3조

구조례 (2005)	수정조례 (2018)
	제3조 종교사무관리는 합법보장, 불법저지, 극단억제, 침투방어, 범죄처벌의 원칙을 견지한다.

[내용]

본 조항은 전체 조문이 수정조례에 추가된 것이다. 제1조에서 밝힌 종교법치의 이론적 원칙에 호응하는 구체적 실천원칙에 해당한다.

[평석]

경제적으로 자본주의의 길을 걸으면서 정치적으로 사회주의 국가의 건설을 지향하고 있는 중국의 입장에서 경제적 발전이 심화될수록 해결해야 할 새로운 문제들이 생길 수밖에 없다.

중국은 공산당의 독재를 유지하고 있는 국가이며, 다양한 소수민족을 국가의 구성원으로 하고 있는 국가이다. 이로 인해 자본주의적 현실과 정치적 이상의 모순, 민족 간의 모순, 공산당 독재와 민주정치 요구 사이의 모순 등이 심화되고 있다. 이것들은 종교에 대한 통제와 종교의 초월성 추구 간의 모순으로 집약되어 나타나고 있다.

여기에서 합법이란 일반법은 물론 사회주의 이념과 공산당의 영도를 따르는 일을 가리킨다. 종교가 공산당의 사상을 지도이념으로 인정하고 중국이 정하는 방식의 종교활동법칙을 지킨다면 그 종교활동에 대해 포용적으로 인정한다는 것이다. 그런 의미에서 종교는 국가적 이념을 넘어서는 초국가적 이념이나 활동을 해서는 안 된다. 이 합법의 범주에는 불교협회, 도교협회, 이슬람교협회, 천주교애국회, 천주교주교단, 기독교삼자애국운동위원회, 기독교협회 등 인가받은 종교단체가 포함된다. 그러므로 이 조항은 허가를 받지 않은 종교활동을 합법의 범주로 편입하겠다는 원칙을 제시한 것이기드 하다.

불법이란 종교사무조례와 같은 종교관련 법규를 준수하지 않는 행위는 물론, 중국 공산당의 허가와 지도를 받지 않는 일체의 활동을 가리킨다. 또한 여기에는 종교적 가치관에 따라 정치를 비판하고 간섭하는 일체의 행위, 사회적 안녕을 해치는 행위가 포함된다.

일반적으로 종교의 자유는 국민의 기본의무에 대한 반대의견의 표명과 그것의 실천행동까지 허용하는 것으로 규정된다. 그러나 중국에서는 일반법은 물론 공산당의 통치이념에 저촉되거나 국가의 통제를 넘어서는 순간 불법으로 규정된다. 이 기준에 따르자면 국가의 법을 철저하게 준수하며 공산당의 영도를 인정하고, 중화민족의 단결을 해치지 않는 범위에서의 종교활동만 허용된다. 역으로 당과 국가의 통제를 넘어서는 종교행위는 불법으로 규정된다. 그래서 허가받지 않은 이슬람교의 순례는 불법에 속한다. 신도들의 안전 보장, 순례지 국가에서의 사고 방지, 순례지 국가와 중국의 우호관계 유지를 위한다는 것이 그 명분이다. 이를 위한 지구별 인원분배, 인원보고, 순례단 조직 등에 대한 법규[8]가 제정실행되고 있기까지 하다. 마찬가지로 종교의 교리에 기초한 반공산당, 반사회주의적 교육은 불법에 해당하며, 종교사업 역시 저지해야 할 불법에 해당한다.

극단을 억제한다는 것은 사회적 안녕을 해치는 일체의 종교적 사상과 행동을 가리킨다. 특히 신장의 테러활동과 티베트의 분신저항운동이 그 억제의 대상에 속한다. 중화민족이라는 새로운 민족개념을 통해 국가의 통일을 추구하는 중국의 입장에서 종교와 민족의식의 결합은 특별한 경계의 대상이 된다.

침투방어는 외국종교세력의 침투를 저지한다는 뜻이다. 구체적으로 기독교 포교를 위한 외국인들의 종교활동, 티베트에 대한 다양한 지원과 지지활동, 이슬람과 아랍권의 연계활동, 천주교 로마교단의 주교임명 등이 저지해야 할 침투에 해당한다.

학교교육에 종교활동이 들어오는 일 역시 침투로 규정된다. 특히 교육과 종교신앙, 사회적 삶과 종교신앙이 긴밀하게 결합되어 있는 이슬람교와 티베트불교가 문제가 된다. 그리하여 위구르 지역의 학교에는 종교적 내용들이 학교에 침투하지 못하도록 하는 별도의 규정이 제정되기도 한다.[9] 학생들이 종교를 접촉하거나 체험할 기회를 차단하고자 하는 것이다.

---

8)「中国穆斯林出国朝觐报名排队办法」.

9)「伊犁师范学院关于抵御和防范宗教向校园渗透管理办法」.

공산당 내부의 종교활동 역시 방어해야 할 외부의 침투에 해당한다. 자본주의화가 심화됨에 따라 공산당 내부에 종교신앙인이 발생하고 있기 때문이다.

이 조항에서 밝히고 있는 합법보호, 불법저지의 원칙은 국가안전에 위협이 되는 일체의 종교활동에 대한 금지, 종교극단주의의 선전·지지·지원 활동에 대한 금지, 민족단결을 파괴하는 활동의 금지, 국가분열 활동, 테러활동의 금지 등을 내용으로 하는 조항(제4조)으로 구체화되고, 종교교육, 회의, 활동 등에 대한 제한조치(제41조), 종교학교 이외의 학교나 교육기관에서의 종교활동 금지조치(제44조), 인터넷종교정보서비스의 제한조치(제48조), 공익자선활동에 대한 제한조치(제56조), 외국종교조직의 지원에 대한 제한조치(제57조) 등으로 구체화된다.

일반적으로 종교자유는 종교활동에 대한 일체의 자유를 포함하지만 중국의 헌법에는 종교신앙의 자유만 보장될 뿐, 종교활동의 자유는 제한되고 있다. 그리하여 다양한 종교활동에 대한 제한조치를 담고 있는 이러한 조례가 제정될 수 있는 것이다.

□ 제4조

구조례 (2005)	수정조례 (2018)
제3조 국가는 법에 의거하여 정상적 종교활동을 보호하며, 종교단체와 종교활동장소 및 신앙인의 합법적 권익을 보호한다. 종교단체와 종교활동장소 및 신앙인은 헌법과 법률, 법규와 규정을 준수해야 하며, 국가의 통일, 민족의 단결, 사회의 안정에 힘써야 한다. 어떠한 조직이나 개인도 종교를 이용	제4조 국가는 법에 의거하여 정상적 종교활동을 보호하며, 종교가 사회주의사회에 적응하도록 적극적으로 인도한다. 종교단체와 종교학교, 종교활동장소와 신앙인의 합법적 권익을 보호한다. 종교단체와 종교학교, 종교활동장소 및 신앙인은 헌법과 법률, 법규와 규정을 준수해야 하며, 사회주의 핵심가치관을 실천해야 한다. 국가통일, 민족단

구조례 (2005)	수정조례 (2018)
하여 사회질서를 파괴하거나, 공민의 신체건강을 해치거나, 국가의 교육제도에 장애가 되는 행위를 해서는 안 된다. 나아가 그 밖에 국가 이익과 사회의 공공이익 및 공민의 합법적 권익에 손해를 끼치는 활동을 해서는 안 된다.	결, 종교화해, 사회안정에 힘써야 한다. 어떠한 조직이나 개인도 종교를 이용하여 국가안전에 위해를 끼치거나, 사회질서를 파괴하거나, 공민의 신체건강을 해치거나, 국가의 교육제도를 방해하는 행위를 해서는 안 된다. 나아가 그 밖에 국가 이익과 사회의 공공이익 및 공민의 합법적 권익에 손해를 끼치는 위법 활동을 해서는 안 된다. 어떠한 조직이나 개인도 서로 다른 종교간이나 동일 종교 내부, 나아가 신앙인과 비신앙인 사이에 갈등과 충돌을 일으켜서는 안 된다. 종교극단주의를 선양하거나 지지하거나 지원해서는 안 된다. 종교를 이용하여 민족단결을 파괴하거나 국가를 분열시키거나 테러행위를 해서는 안 된다.

[내용]

본 조항은 구조례 제3조의 내용을 대폭 수정보완한 것이다. 종교에 대한 보편적 보호와 제한을 내용으로 하고 있는 구조례에 비해 사회주의사회에 대한 적응, 사회주의 핵심가치관의 실천, 종교적 화해의 규정, 종교적 갈등 촉발행위의 금지에 대한 규정이 추가되어 있다.

[평석]

조문의 가장 큰 변화는 종교가 사회주의사회에 적응하도록 적극적으로 인도한다는 원칙의 제시, 사회주의의 핵심가치관을 실천해야 한다는 규정, 종교 간의 화해 규정, 국가사회의 안녕에 위해가 되는 일체의 종교활동을 금지하는 규정이 추가되었다는 점이다.

이 중 종교가 사회주의사회에 적응하도록 인도한다는 원칙은 1990년대 장쩌민 시대에 집중적으로 제기되기 시작하였다. 통일전선의 강화를 위해 '종교를 헌법과 법률의 범위로 끌어들여 사회주의제도에 적응하도록 인도한다'는 원칙[10]이 1990년 6월에 당중앙의 통지로 제시되었고, 다음 해인 1991년 2월에는 '종교로 하여금 사회주의 사회에 적응하도록 하라'[11]는 국무원의 방침이 하달되었다. 사회주의제도에 적응 → 사회주의사회에 적응으로 문구를 조정함으로써 그 내용성을 확대한 것이다. 다시 1992년 5월에는 '종교가 사회주의 사회에 적응하도록 적극 인도한다'는 통일전선 업무요강이 배포되었으며, 1993년 11월에는 종교신앙자유 정책이나 법에 의거한 종교업무의 관리가 모두 '종교가 사회주의사회에 적응하도록 인도하는 것이 목적이 되어야 한다'는 장쩌민의 발언이 있었다.

종교를 사회주의사회에 적응하도록 인도하는 원칙에 대해 장쩌민은 2000년 12월, 국가의 법률법규와 정책의 준수, 국가의 최고 이익과 민족의 전체이익에 복종하고 복무할 것을 구체적 내용으로 제시하였다. 이후 2001년 12월 장쩌민은 전국종교공작회의에서 종교를 사회주의사회에 적응하도록 인도하는데 필요한 두 가지 요구와 두 가지 지지를 기본내용으로 한다고 천명하였다. 국가에 대한 사랑, 사회주의제도의 옹호, 중국공산당 영도의 옹호, 국가의 법률・법규・방침・정책에 대한 준수를 요구한다는 것이 첫 번째 요구이고, 국가의 최고 이익과 민족의 전체이익에 복종하고 복무해야 한다는 것이 두 번째 요구에 해당한다. 다음으로 종교교리를 사회의 진보적 요구에 부합하도록 해석해내는 일을 지지한다는 것이 첫 번째 지지이고, 불법활동을

---

10) 「中共中央关於加强统一战线工作的通知」(1990中发10号).

11) 「关於进一步做好宗教工作若干问题的通知」.

저지하며 민족단결, 사회발전, 조국통일을 위해 헌신하는 일을 지지한다는 것이 두 번째 지지이다. 시진핑은 이를 적극 계승하는 동시에 그 적극적 인도의 항목을 종교의 중국화로 집약하여 강조한 바 있다.

사실 종교를 사회주의사회에 적응하도록 인도한다는 원칙은 종교포용을 내용으로 하는 통일전선정책의 환골탈태에 해당한다. 종교가 장기적으로 존재할 수밖에 없으므로 그것을 포용해야 한다는 것이 통일전선의 기본관점이라면, 여기에서 한 걸음 더 나아가 사회주의 사회의 건설에 도움이 되는 방향으로 종교를 변화시킬 수 있지 않겠느냐는 기획의도가 작용한 것이다.

다음으로 사회주의 핵심가치관은 사회주의적 도덕관, 혹은 사회주의 핵심가치체계에 대한 모색의 과정을 거쳐 1912년 공산당 18차대회에서 부강, 민주, 문명, 화해, 자유, 평등, 공정, 법치, 애국, 근면, 성신(诚信), 우호선의(友善)의 24글자로 적극 제창된다. 이것은 국가적 차원의 가치(부강, 민주, 문명, 화해), 사회적 차원의 가치(자유, 평등, 공정, 법치), 개인적 차원의 가치(애국, 근면, 성신, 우호선의)로 분류할 수 있다. 사회주의 핵심가치관은 특히 시진핑의 정치적 상표에 해당하는 것으로서 제18차에 이어 2017년 제19차 당대회에서도 적극 강조된다.

특히 시진핑은 사회주의핵심가치관을 가지고 종교계 인사와 신앙인들을 인도하고 교육한다는 원칙을 거듭 강조하고 있다. 중화민족의 우수한 전통을 발양하고, 단결과 진보, 화평과 관용의 정신으로 신앙인 대중들을 인도하자는 것이며, 각 종교가 기본신앙, 핵심교의, 의례제도 등을 보존하는 것을 지지하되 그 교리에서 사회의 화합, 시대의 진보, 건강한 문명에 유리한 내용들을 발굴하여 그에 대해 현대 중국의 발전진보에 대한 요구에 부합되며 중국의 우수한 전통문화에 부합되도록 인도하자는 것이다.

종교를 사회주의사회에 적응시킨다는 원칙은 결국 종교의 사회주의화, 종교의 중국화를 위해 공산당이 주도적으로 이끌겠다(导)는 원칙에 다름 아니며, 사회주의핵심가치관으로 종교교의와 종칙을 해석하고, 종교조직을 건설하며, 종교계 인사들의 언행을 규범화하겠다는 원칙에 다름 아니다. 종교계가 경제발전, 사회화합, 문화번역, 민족단결, 조국통일을 위해 복무하도록 하겠다는 것이다.

수정조례 최종본에 추가된 종교 간의 화해라는 조문은 종교내부의 화합, 종교 간의 화합, 종교와 비종교간의 화합을 포함한다. 종교적 견해의 차이를 부각시켜 내부투쟁이나 교파 간 충돌을 일으키는 언행을 금지하며 사회화합의 적극적 요소가 될 수 있도록 요구하는 것이 그 핵심이다. 상호 간의 차이와 공존을 인정하는 태도와 그것의 실천은 중화민족의 위대한 부흥이라는 중국의 꿈을 실현하고, 세계평화를 유지하며, 인류복지를 증진시키는 길에 해당한다고 규정된다. 결국 가장 큰 목표는 중화민족의 부흥이다. 그러므로 종교 간의 화합은 전체 국력을 통합하여 중국 꿈(中国梦)의 실현이라는 하나의 목표로 나아가기 위한 길로 제시된 것이다.

종교적 갈등 촉발행위 금지조문은 특히 민족의 단결과 국가사회의 통합을 강조하기 위해서 추가한 것이다. 여기에 종교극단주의, 종교와 결합한 민족주의와 테러리즘이 경계의 대상으로 지목된다. 종교극단주의는 극단적 정치주의, 민족주의, 종족주의, 인종차별, 지역감정 등과 결합하여 무분별한 전쟁과 폭력사태를 일으키고 있다는 점에서 세계평화를 위협하는 화약고에 해당한다. 중국에서는 이러한 종교극단주의, 민족분열주의, 국제테러리즘의 세 가지 세력이 이슬람교의 기치를 들고 신장의 사회안정을 파괴하고 있다고 판단한다.

다만 중국의 경우 과연 이러한 종교극단주의가 형성되어 있는지에 대해서는 논의의 여지가 많다. 그 입장에 따라 신장과 티베트의 종교 사태에 있어서 그 피해자가 중국 당국인지, 신장과 티베트의 민중들인지 해석이 다를 수밖에 없기 때문이다.

본래 구조례의 조문은 '종교를 이용하여 사회질서, 신체건강, 교육제도, 국가사회의 공공이익, 공민의 권익 등을 파괴하거나 손해를 끼치는 행위를 해서는 안 된다'는 헌법 제36조의 종교신앙의 자유에 대한 제한규정을 그대로 가져온 것이었다. 수정조례는 이 금지규정의 범위를 확대하고 내용을 구체화하고 있다.

□ 제5조

구조례 (2005)	수정조례 (2018)
제4조 각 종교는 독립, 자주, 자영의 원칙을 견지해야 한다. 종교단체나 종교활동장소 및 종교사무는 외국세력의 지배를 받지 않는다. 종교단체, 종교활동장소, 종교교역자는 우호, 평등의 기초 위에서 대외교류를 진행한다. 그 밖의 조직이나 개인은 외부와의 경제, 문화 등의 협력사업이나 교류활동 과정 중에 부가적 종교 조건을 받아서는 안 된다.	제5조 각 종교는 독립, 자주, 자영의 원칙을 견지해야 한다. 종교단체나 종교학교, 종교활동장소 및 종교사무는 외국세력의 지배를 받지 않는다. 종교단체, 종교학교, 종교활동장소, 종교교역자는 상호존중, 평등, 우호의 기초 위에서 대외교류를 진행한다. 그 밖의 조직이나 개인은 외부와의 경제, 문화 등의 협력사업이나 교류활동 과정 중에 종교 조건을 부가적으로 받아서는 안 된다.

[내용]

본 조항은 구조례 제3조의 내용을 수정 보완하였다. 종교활동의 주체로 종교단체와 종교활동장소에 더해 종교학교를 추가한 것이다.

[평석]

종교학교는 국가의 인가를 받아 종교교역자와 종교전문가를 양성하는 교육기관을 지칭한다. 불학원(불교), 신학원(기독교), 신철학원(천주교), 도교학원(도교), 경학원(이슬람교) 등이 이에 속한다. 종교학교는 문혁기간에 전면 폐지되었다가 1980년대 초반부터 학생모집을 시작하였다. 1990년대 이후 종교에 대해 수동적 포용에서 적극적 역할부여로 입장이 전환되면서 애국주의적 종교인의 양성과 사회적 요구에 부합하는 종교교리의 해석이 중요한 과제로 부각되었다. 그리하여 2007년부터 종교학교 설립방법에 관한 규정[12]이 제정시행되었고, 이에 따라 종교문제 전반을 다루는 수정조례에도 종교학교에 대한 장과 조항(제3장 제11조~제18조)이 신설되면서 종교를 표현하는 관용어의 하나로 종교학교가 추가된 것이다.

종교의 대외교류활동에 있어서 기존의 우호, 평등의 원칙에 상호존중의 원칙이 제일 상위의 원칙으로 추가되었고, 하위의 원칙 또한 평등, 우호로 조정되었다. 수정조례의 원칙에 따라 종교가 사회주의사회에 적응하고, 사회주의핵심가치관을 실천하는데 힘쓰게 된다면 중국의 종교는 외국의 종교와 다르게 발전하게 될 것이다. 같은 종교라 해도 그 형식과 내용이 달라질 수밖에 없는 것이다. 그런데 중국정부의 입장에서는 중국적 특수성이 세계적 보편성에 고개를 숙이는 일이 있어서는 안 된다. 그리하여 상호존중에 기초한 교류의 원칙을 제시한 것이다. 평등이 우호의 상위로 올라가게 된 것 역시 종교의 중국적 특수성과 세계적 보편성 간의 평등을 강조하기 위한 것이다.

---

12) 「宗教院校设立办法」(国家宗教事务局令).

□ 제6조

구조례 (2005)	수정조례 (2018)
제5조 현급 이상 인민정부의 종교사무부서는 법에 의거하여 국가이익과 사회의 공공이익에 관계되는 종교사무에 대해 행정관리를 수행해야 한다. 현급 이상 인민정부의 기타 유관부서는 각자 그 직책의 범위 내에서 법에 따라 관련 행정관리업무를 책임진다. 각급 인민정부는 종교단체, 종교활동장소 및 신앙인의 의견을 청취하여 종교사무의 관리업무에 협조해야 한다.	제6조 각급 인민정부는 종교업무를 강화하여 건전한 종교업무시스템을 구축하여야 하며, 업무인력이나 업무에 필요한 조건을 갖추어야 한다. 현급 이상 인민정부의 종교사무부서는 법에 의거하여 국가이익과 사회의 공공이익에 관계되는 종교사무에 대해 행정관리를 수행해야 한다. 현급 이상 인민정부의 기타 유관부서는 각자 그 직책의 범위 내에서 법에 의거하여 관련 행정관리업무를 책임진다. 향급 인민정부에서는 해당 행정구역의 종교사무 관리업무를 수행해야 한다. 촌민위원회와 주민위원회는 법에 의거하여 인민정부의 종교관리사무에 협조해야 한다. 각급 인민정부는 종교단체, 종교학교, 종교활동장소 및 신앙인의 의견을 청취하여 종교사무의 관리업무에 협조해야 하며, 종교단체, 종교학교, 종교활동장소에 필요한 공공 서비스를 제공해야 한다.

[내용]

본 조항은 구조례 제3조의 내용을 대폭 수정보완한 것이다. 종교사무에 관한 행정관리업무의 주체를 종교사무부서에 한정하였던 것을 향급 인민정부를 포함하는 것으로 범위를 확대하였다. 또한 촌민위원회와 주민위원회에 협조의 의무를 부과하고 있다.

[평석]

새로 추가된 조문 중 각급 인민정부에 종교업무의 강화와 시스템 구축을 의무화한 것은 종교업무의 중요성을 격상시키라는 요구에 해당한다. 인민정부의 중요 의사일정이나 예산배정, 담당 직원의 연수 등에 있어서 종교관리의 영역을 중요하게 다루라는 것이다.

종교사무 관리업무의 주체를 향급 인민정부로까지 확대한 것은 기층행정기관에서부터 종교관리의 책임을 질 때 종교에 대한 법치가 원활하게 이루어질 수 있기 때문이다. 원래 종교사무관리부서는 현급 이상 인민정부에만 설치되어 있다. 그래서 기층에서 이루어지는 종교적 문제에 대해 체계적인 관리가 어려운 상황에 있다. 법치수준의 제고라는 측면에서 볼 때 행정적 공백이 생길 수밖에 없는 것이다. 그리하여 기층의 행정관리 업무를 책임지고 있는 향급인민정부에 종교사무 관리의 업무를 부가한 것이다. 한편 촌민위원회와 주민위원회는 자발적 자치조직에 해당한다. 반관반민의 입장에 있는 이들 기층조직의 협조를 의무화함으로써 인민정부의 종교업무는 빈틈없는 관리체계를 구축하게 될 것으로 보인다.

제2장 종교단체(제7조~제10조)

제2장 종교단체는 종교단체의 등록에 관한 규정(제7조), 종교단체의 직능에 관한 규정(제8조), 종교단체의 유학생 파견 및 수용권한 규정(제9조), 종교단체가 제정한 회칙과 제도의 강제성 규정(제10조)을 포함한다. 이 중 종교단체의 직능에 관한 규정(제8조)과 종교단체가 제동한 회칙과 제도의 강제성 규정(제10조)는 신설된 것으로서 이로 인해 구조례의 종교단체 규정과 상당한 차이를 갖게 된다.

원래 구조례에는 종교출판물에 대한 규정(제7조), 종교학교 설립에 관한 규정(제8조), 이슬람교 순례에 대한 규정(제11조)이 종교단체의 규정에 포함되어 있었는데 각기 수정조례 제3장 종교학교의 설립규정(제12조), 제6장 종교활동의 출판물 규정(제45조), 이슬람교 순례 규정(제43조)로 옮겨 배치되었다.

□ 제7조

구조례 (2005)	수정조례 (2018)
제6조 종교단체의 구성과 변경 및 취소는 「국가사회단체관리조례」의 규정에 따라 등기한다. 종교단체의 회칙은 「국가사회단체관리조례」에 부합되어야 한다. 종교단체는 회칙에 따라 활동해야 하며 법률의 보호를 받아야 한다.	제7조 종교단체의 구성과 변경 및 취소는 국가사회단체관리의 유관규정에 따라 등기한다. 종교단체의 회칙은 국가사회단체관리의 유관규정에 부합되어야 한다. 종교단체는 회칙에 따라 활동해야 하며 법률의 보호를 받는다.

[내용]

본 조항은 구조례 제6조의 내용을 수정 보완하였다. 종교단체의 구성, 변경, 취소, 회칙제정 등에 있어서 근거해야 할 유관규정을 특정하지 않음으로써 그 밖의 규정을 배제하지 않고 있다.

[평석]

현재 종교단체의 등기와 회칙 등을 관리할 수 있는 유관규정은「사회단체관리조례」가 거의 유일하다. 그럼에도 이것으로 특정하지 않고 국가사회단체관리의 유관규정으로 조문을 수정하여 그 밖의 규정을 함께 적응할 수 여지를 남겨두고 있다. 종교사무의 행정관리주체에 유연한 해석권한을 부여하고자 한 조치로 이해된다.

□ 제8조

구조례 (2005)	수정조례 (2018)
	제8조 종교단체는 아래와 같은 기능을 갖는다. (1) 인민정부의 법률, 법규, 규정 및 정책의 일관된 실천에 협조하며, 신앙인의 합법적 권익을 보호한다. (2) 종교의 교무를 지도하며 규정과 제도를 제정하고 이를 실천하도록 감독한다. (3) 종교문화 연구에 종사하고, 종교 교의와 계율을 해석하며, 종교사상을 수립한다. (4) 종교교육과 훈련을 실시하고, 종교교역자를 양성하며, 종교교역자를 승인, 관리한다. (5) 법률, 법규, 규정 및 종교단체 회칙에 규정된 그 밖의 직능을 갖는다.

[내용]

본 조항은 전체 조문이 수정조례에 추가된 것이다. 종교단체의 기능을 규정하고 있다.

[평석]

종교단체는 당과 정부의 인가를 받은 애국종교조직을 가리킨다. 일반적으로 불교협회, 도교협회, 이슬람교협회, 천주교애국회, 천주교주교단, 기독교삼자애국운동위원회, 기독교협회가 이에 속한다. 이들 각 종교단체는 신도들에 대해서는 당과 정부의 입장을 대변하고 정부에 대해서는 신도들의 요구를 전달하는 교량의 역할을 하고 있다.

종교단체의 첫 번째 직능으로 (1)에 규정된 바와 같이 정부에 대한 협조와 신도들의 권익보호가 제시된 것이다.

(2)와 같이 종교 교무에 대한 지도감독권, 규정 및 제도의 제정권을 부여하는 것은 종교단체에 대한 통제를 자신하고 있기 때문인 것으로 보인다. 실제로 최근 종교활동장소와 종교학교의 관리, 교역자의 인정, 각종 규범과 제도의 제정 등에 있어서 주도적 역할을 하고 있는 것으로 보인다.

(3)의 종교문화 연구, 교의와 계율의 해석, 종교사상의 수립 등에 대한 직능부여는 모두 종교의 사회주의사회 적응을 대전제로 한 것들이다. 실제로 각 종교단체는 자신들의 교리사상에서 사회주의 사회의 요구에 적합한 내용들을 발굴하고 재해석하는데 힘을 쏟고 있는 것으로 보인다.

(4)에 명시된 바, 종교교육 및 훈련과 교역자 양성, 승인, 관리의 직능 부여는 종교단체에 종교인 양성 등과 관련된 일체의 권한을 부여한다는 뜻이다.

(5)는 명시하지는 않았지만 각 법률, 법규, 규정 및 종교단체의 회칙 등에 규정된 그 밖의 직능을 수행한다는 보완적 조문에 해당한다.

위의 각 항으로 규정한 직능과 권한은 전국 종교단체와 성·자치구·직할시 급의 지역 종교단체에 차별 없이 주어진다.

□ 제9조

구조례 (2005)	수정조례 (2018)
제10조 전국적 종교단체는 해당 종교의 필요에 근거하여 규정에 따라 종교 유학생을 파견하거나 받을 수 있다.	제9조 전국적 종교단체 및 성·자치구·직할시의 종교단체는 해당 종교의 필요에 근거하여 규정에 따라 종교 유학생을 파견하거나 받을 수 있다. 그 밖의 어떠한 조직이나 개인도 종교 유학생을 파견하거나 받을 수 없다.

[내용]

본 조항은 구조례 제10조의 내용을 수정보완한 것이다. 종교단체에 종교 유학생의 파견과 수용에 관한 배타적 권한을 부여하고 있다.

[평석]

종교단체는 종교 유학생의 파견 및 수용주체이다. 수정조례에서는 종교단체의 범위가 전국적 종교단체에서 성·자치구·직할시 급의 종교단체로까지 확대되었다.

중국 종교의 독립·자주·자영의 원칙을 견지하고자 하는 정부의 입장에서 종교유학생의 파견은 민감한 사안에 속한다. 자칫 외국종교세력의 지배를 받는 종교인을 양성하여 문제를 불러일으키는 결과를 낳을 수도 있기 때문이다. 그리하여 외국으로 파견되는 종교유학생은 애국주의적 사상의 검증이 가능한 기존의 교역자 및 종교학교의 학생 중에서 선발함을 원칙으로 한다는 내부규정이 있는 것으로 알려져 있다. 파견되는 외국의 유학기관 역시 중국에 우호적인 단체나 교육기관이라야 한다는 내부기준이 수립되어 있다.

외국인의 종교유학에 대해서는 일반유학생에게 요구되는 유관규정을[13] 적용하며, 따로 종교단체의 자격심사를 거치게 되어 있다. 그 밖의 어떤 조직이나 개인도 종교 유학생을 파견할 수 없다는 것은 애국 종교단체 이외의 종교단체가 외국과 연계될 일체의 가능성을 차단하고자 하는 조치이다.

□ 제10조

구조례 (2005)	수정조례 (2018)
	제10조 종교학교와 종교활동장소 및 종교교역자는 종교단체가 제정한 규정과 제도를 준수하여야 한다.

[내용]

본 조항은 전체 조문이 수정조례에 추가된 것이다. 종교단체에서 제정된 규정과 제도의 강제성을 밝히고 있다.

[평석]

동일 종교 내에도 교리에 대한 해석을 달리하는 교파가 존재하는 것이 일반적이다. 교파에 따라 규정과 제도가 달라질 수밖에 없는 것이다. 그러나 본 조항에 의하면 종교학교와 종교활동장소, 그리고 종교교역자는 그 교리에 대한 해석의 차이유무에 상관없이 종교단체의 규정과 제도를 준수하여야 한다. 이를 통해 종교를 통제가능한 범위

13) 「高等学校接受外国留学生管理规定」(第15条, 第16条)

에 묶어두고자 하는 것이다.

여기에서 말하는 규정과 제도에는 교역자의 승인방법, 승인조건, 승인절차는 물론 관련 규정을 위반한 교역자에 대한 처벌규정도 포함된다. 요컨대 종교단체가 제정한 규정 및 제도를 위반한 조직 및 개인은 그에 상응한 처벌을 받도록 규정하고 있는 것이다.

제3장 종교학교 (제11조~제18조)

종교학교에 대한 규정은 구조례에 종교학교 설립에 관한 규정(제8조)만 있었는데, 수정조례에서는 7개 조항(제11조~제18조)을 갖는 별도의 장으로 독립되었다. 종교학교의 설립이 활성화되면서 그에 대한 규정이 완비될 필요가 생겨났기 때문이다. 특히 이것은 교육법에 명시된 바, 국무원이 별도로 정하는 규정에 해당한다. 종교학교 설립 및 관리의 가장 권위 있는 준칙이 되는 것이다.

□ 제11조

구조례 (2005)	수정조례 (2018)
	제11조 종교학교는 전국적 종교단체 및 성, 자치구, 직할지의 종교단체가 설립한다. 그 밖의 어떠한 조직이나 개인도 종교학교를 설립할 수 없다.

[내용]

본 조항은 전체 조문이 수정조례에 추가된 것이다. 종교단체를 종교학교의 배타적 설립주체로 규정하고 있다.

[평석]

중국의 헌법은 종교와 교육의 분리를 원칙으로 세우고 있다. 어떤 학교나 교육기관에서도 종교교육을 실시할 수 없는 것이다. 당연히 종교재단의 학교설립과 종교교육은 원칙적으로 불법에 해당한다.

그러므로 종교교육과 교역자 양성은 종교내부의 종교학교를 통해서만 이루어질 수 있다. 종교학교의 설립은 교육법에 명시된 바와 같이 국무원이 별도로 정하는 규정[14)]을 필요로 하는데 본 조례가 그에 해당하는 것이다.

본 조항에서 말하는 종교학교는 교역자 및 종교전문인력 양성을 위해 종교단체에서 설립한 전일제 교육기관을 말한다. 종교학교 설립의 주체는 전국적 종교단체와 성·자치구·직할시 급의 지역 종교단체로 한정된다. 애국종교단체가 아니면 종교학교를 설립할 수 없다는 뜻이며, 성·자치구·직할시 급 이하의 종교단체 역시 설립 주체가 될 수 없다는 뜻이다. 이를 통해 종교학교의 난립을 막아 교육의 질을 담보하고 통제의 효과를 거두고자 하는 것이다.

특히 종교단체 이외의 기업, 사회조직, 개별 종교인, 개인 등이 종교학교를 설립할 가능성은 원천적으로 차단되어 있다.

□ 제12조

구조례 (2005)	수정조례 (2018)
제8조 종교학교를 설립하려면 전국적 종교단체에서 국무원 종교사무부서에 신청서를 제출하거나, 성, 자치구, 직할시 종교단체에서 설립하고자 하는 종교학교 소재지의 성, 자치구, 직할시의 인민정부 종교사무부서에 신청서를 제출하여야 한다. 성, 자치구, 직할시 인민정부의 종교사무부서에서는 신청서를 받은 날로부터 30일 이내에 결정하여 국무원 종교사무 부서에 심의비준을 신청해야 한다. 국무원 종교사무부서는 전국적 종교단체의 신청이나 성, 자치구, 직할시	제12조 종교학교를 설립하려면 전국적 종교단체에서 국무원 종교사무부서에 신청서를 제출하거나, 성, 자치구, 직할시 종교단체에서 설립하고자 하는 종교학교 소재지의 성, 자치구, 직할시의 인민정부 종교사무부서에 신청서를 제출하여야 한다. 성, 자치구, 직할시 인민정부의 종교사무부서는 신청서를 받은 날로부터 30일 이내에 의견을 제시하여 국무원 종교사무부서에 심의비준을 신청해야 한다. 국무원 종교사무부서는 전국적 종교단체의 신청이나 성, 자치구, 직할

14) 「中华人民共和国教育法」(第84条第2款).

구조례 (2005)	수정조례 (2018)
인민정부 종교사무 부서에서 종교학교를 설립하겠다는 보고를 받은 날로부터 60일 이내에 그에 대한 비준 여부를 결정하여야 한다.	시 인민정부 종교사무부서에서 보고된 자료를 받은 날로부터 60일 이내에 그에 대한 비준 여부를 결정하여야 한다.

[내용]

본 조항은 구조례 제8조의 내용을 수정보완한 것이다. 종교학교 설립의 절차와 소요 기한을 밝히고 있다.

[평석]

종교학교의 설립주체인 종교단체가 전국급과 성·자치구·직할시급으로 나뉘므로 설립절차 또한 달라질 수밖에 없다.

우선 전국급 종교단체에서 종교학교를 설립하고자 할 경우에는 종교단체 ↔ 국가종교사무국의 신청 및 허가절차를 밟게 된다. 이에 비해 성·자치구·직할시 급의 지역 종교단체에서 종교학교를 설립하고자 할 경우에는 종교단체 ↔ 인민정부 종교사무부서 ↔ 국가종교사무국의 신청 및 허가절차를 밟게 된다.

어느 경우나 최종 비준권은 국가종교사무국에 있다. 다만 지역 종교단체의 설립신청에 대해서는 해당 지역 인민정부의 1차 심의를 거쳐야 한다. 종교학교의 설립에는 필연적으로 토지, 도시계획, 건설 등이 수반되므로 관련 부서와의 협의가 우선되어야 하기 때문이다.

인민정부의 1차 심의 기한은 30일, 국무원 종교사무국의 심의비준 기한은 60일이다. 20일내에 허가여부를 결정한다는 일반 행정허가법의 관련 규정[15]에 비해 긴 시간에 해당한다. 그만큼 중국내 종교학교

15) 「中华人民共和国行政许可法」(第42条).

의 설립이 고려해야 할 문제가 중층적이고 부서간의 협의사항이 복잡한 사안에 해당한다는 것을 알 수 있다.

□ 제13조

구조례 (2005)	수정조례 (2018)
제9조 종교학교의 설립은 아래의 조건을 구비하여야 한다. (1) 명확한 양성목표와 학사규정 및 교과과정의 설치계획이 있어야 한다. (2) 양성조건에 부합되는 학생자원이 있어야 한다. (3) 필요한 학사운영 자금과 안정된 경비의 출처가 있어야 한다. (4) 교육의 임무와 학사규모에 필요한 교육장소와 시설설비가 있어야 한다. (5) 학교를 전담하는 책임자와 자격을 갖춘 전임교사 및 내부 관리조직이 있어야 한다. (6) 배치가 합리적이라야 한다.	제13조 (구조례와 동일)

[내용]

본 조항은 구조례 제9조와 동일하다. 종교학교의 설립조건을 밝히고 있다.

[평석]

(1)에서 말하는 명확한 양성목표는 애국적 종교인의 양성을 목표로 해야 한다는 뜻이다. 학사규정은 종교학교의 성격, 종지, 임무 등을 규정한 문건으로서 설립신청 시 제출해야 하며 이를 개정하려면 주관부서의 비준을 얻어야 한다. 교과과정에는 일반적 종교문화의 과목

외에 정치과목이 포함되어야 한다.

(2)에서는 양성조건에 부합하는 학생자원을 갖출 것을 규정하고 있다. 교육의 수요가 분명한 상황에서 학교설립을 계획해야 한다는 것이다.

(3)에서는 필요한 학사운영 자금과 안정된 경비의 출처가 확보되어 있어야 함을 규정하고 있다. 종교학교의 설립은 토지구입, 교사신축, 설비구축 등에 있어서 막대한 자금을 필요로 한다. 그러므로 그 설립을 신청하는 주체는 소요경비를 마련할 수 있음을 증명해야 한다. 나아가 학교를 설립한 이후에도 학교의 정상적 교학활동에 필요한 안정적이며 합법적인 경비의 출처를 확보하고 있어야 한다.

(4)에서는 교육장소와 설비에 대한 규정이다. 교육장소는 강의실, 도서관, 회의실, 사무실 등을 가리키며, 설비는 컴퓨터, 체육시설, 어학시설, 기숙사 등을 가리킨다.

(5)에서는 전담책임자, 전임교사, 관리조직에 대해 규정하고 있다. 학교의 전담책임자란 정상적 교육업무의 수행에 필요한 각 측면의 업무 책임자를 가리킨다. 교원은 필요한 자격을 갖추어야 하며, 일정한 비율의 인원을 확보해야 한다. 관리조직이란 교무위원회 등의 조직이 있어야 하며 중대한 사안에 대한 민주적 정책 결정과정을 거칠 수 있어야 한다.

(6)의 배치가 합리적이라야 한다는 규정은 종교학교의 설립이 지역적 수요와 균형을 고려한 것이라야 하며, 충분한 인적자원의 확보가 예상되는 상황이라야 한다는 점을 밝힌 것이다.

□ 제14조

구조례 (2005)	수정조례 (2018)
	제14조 비준을 거쳐 설립된 종교학교는 유관 규정에 따라 법인등기를 신청할 수 있다.

[내용]

본 조항은 전체 조문이 수정조례에 추가된 것이다. 종교학교에 법인등기 신청주체로서의 자격을 부여하고 있다.

[평석]

그 동안 종교학교에는 법인자격이 부여되지 않았다. 독립적 민사의 주체로 인정받지 못했다는 뜻이다. 그리하여 종교학교는 고용계약, 은행계좌, 부동산 등기, 자동차 등록, 법적 분쟁 등에 있어서 주체의 지위를 갖지 못하고 종교단체의 명의로 활동할 수밖에 없었다. 본 조항에 의해 법인등기의 자격을 갖추게 됨으로써 학교 자체의 자기관리권한이 확대되었다 볼 수 있다. 또한 이를 통해 학교에 대한 정부의 관리감독이 강화될 수 있는 조건이 갖추어 진다는 점 드한 깊이 고려되었던 것으로 보인다.

다만 각 종교학교의 상황이나 요구가 다르므로 법인자격을 신청할 수 있다는 유연한 조건을 붙여 신청여부를 스스로 결정하도록 하고 있다. 법인자격은 민정(民政) 부서에 사회조직의 자격으로 등기를 신청하는 것이므로 법인등기를 한 종교학교는 민정부서와 종교사무부서의 이중관리를 받아야 한다. 민정부서는 등기관리기관이고, 종교사무부서는 업무주관부서이기 때문이다.

□ 제15조

구조례 (2005)	수정조례 (2018)
	제15조 종교학교가 학교부지, 교명, 소속관계, 양성목표, 학제, 학사규모 등을 변경하거나 합병, 분교개설, 폐교하려면 본 조례 제12조에 규정된 절차에 따라 처리한다.

[내용]

본 조항은 전체 조문이 수정조례에 추가된 것이다. 학교와 관련된 중요사항을 변경하거나 합병, 분교, 폐교하고자 할 때 그에 필요한 절차를 밝히고 있다.

[평석]

종교학교가 학교부지, 교명, 소속관계, 양성목표, 학칙, 학사규모 등을 변경하고자 할 때, 그리고 합병, 분교, 폐교하고자 할 때 설립신청 시와 동일한 절차를 밟아야 한다는 규정이다.

이 중 종교학교의 폐지는 교사와 학생의 처리, 자금의 청산 등과 관련하여 중요한 내용을 포함하므로 엄격한 심의를 필요로 한다. 또 법인등기를 한 종교학교는 등기기관에서 수속을 밟아 등기취소를 하여야 한다.

소속관계의 변경에 허가절차를 밟아야 한다는 것은 종교학교와 그것을 설립한 종교단체간의 관계가 변경되는 일이 중대한 사안에 해당하기 때문이다. 양성목표의 변경에 허가절차를 밟아야 하는 것은 그것이 종교내부의 일일 뿐만 아니라 국가의 인력양성방침에 속하기 때문이다. 합병은 흡수합병의 경우가 있고, 1:1 합병으로 새로운 학교를 설립하는 경우가 있으므로 그 절차가 각기 다를 수 있다.

분교의 설치는 동일한 학교가 교명과 성격을 유지하면서 새로운 학교를 설치하는 경우, 둘 이상의 독립된 학교로 분교하는 경우가 있으므로 역시 상황에 따라 절차가 달라질 수 있다.

□ 제16조

구조례 (2005)	수정조례 (2018)
	제16조 종교학교는 특정의 교사자격검정과 직위평정, 초빙 및 학생학위수여 제도를 실시하며, 구체적인 방법은 국무원 종교사무부서에서 별도로 제정한다.

[내용]

본 조항은 전체 조문이 수정조례에 추가된 것이다. 수정조례 공포에 앞서 이미 종교학교 관련한 중요한 실행 법령[16]인 교사자격검정과 직위평정 및 초빙 그리고 학위수여에 관한 규정이 만들어져 종교학교의 운영과 체계가 한층 규범화되었다.

[평석]

1982년 종교학교에 대한 복원조치가 내려진 이후 종교학교는 해를 거듭하며 그가 숫자는 증가하여 왔다. 이에 중국 정부는 종교학교의 난립을 막고, 설립 요건을 강화하기 위한 내용을 담은 종교학교 설립법안[17]을 발효하였다. 2011년의 집계에 따르면 전국의 종교학교는

---

16) 「宗教院校教师资格认定和职称评审聘任办法(试行)」(2012.09),「宗教院校学位授予办法(试行)」(2013.01).

17) 「宗教院校设立办法」(2009.09).

100여 곳이 된다. 종교학교가 수적으로 팽창함에 따라 교육기관으로서의 역량을 강화하고 체계적인 교육과정의 확립을 위한 교사와 학생의 임용과 직위 및 학위 운영에 관한 법적 규정이 시급하게 되었다. 그리하여 종교학교의 주요 구성원인 교사와 학생에 대한 요건을 정비하고 이를 제도화하기 위한 조치로 2012년, 2013년에 연속으로 관련 법안이 발효되었다. 이처럼 종교학교 관련 법안이 하나 둘 갖추어지면서 종교학교는 종교교육의 산실로 자리 잡게 되었고 수정조례에 하나의 장으로 설정될 만큼 중국종교의 중요한 내용을 차지하게 된다.

중국의 종교학교를 살펴보면 불학원이 그 절반을 차지한다. 현재에도 불학원은 꾸준히 각지에 설립되고 있으며 교육활동 또한 가장 활성화되어 있다. 또한 최근에는 종교적 위상에서 상대적으로 위축되어 있던 도교단체가 '국학열'로 대변되는 전통문화의 부흥분위기에 편승하여 각 도교 종파의 발상지를 중심으로 도교학원 설립에 적극 나서고 있다.

이들 중국 전통종교 계열의 종교학교는 비록 중국 정부의 우호적인 지원 속에 학교 설립과 운영의 혜택을 누리는 편이라 할 수 있다. 하지만 이들 학교 중에는 학교운영의 난맥상을 드러내는 경우도 있고, 종교학교를 사칭하여 종교 본연의 임무를 망각하는 행태가 발생하기도 한다. 최근에는 상업화와 세속화 경향이 종교계에 만연하여 방만한 학교운영과 함께 교육의 질적 저하가 우려되는 상황이 나타났으며, 이로 인한 수준 미달의 종교인이 양산되는 문제가 나타나고 있다. 또한 티베트불교, 이슬람교 경학원, 신철학원, 신학원 등 종교학교에 대해서도 이를 규범화하여 통제시스템 안으로 끌어들일 필요가 생겨났다.

본 조항은 제도적으로 종교학교와 일반학교의 시스템적 차별성을 언급하고 있다. 종교학교의 특수성을 인정하고 각 종교의 특화된 자체의 종교교역자 양성제도를 수립할 수 있도록 한 것이다. 교사의 자격검정과 직위평정 및 초빙, 그리고 학위수여에 있어 종교학교를 범위로 하는 특별 규정이 있다는 점을 강조하고 구체적 사안은 상황의 전개에 따라 종교부서 최상위 기관인 국무원 종교사무부서에서 제정하도록 규정하고 있다.

이러한 법안의 시행에 탄력을 받아 최근에는 종교학교의 학위제도가 폭넓게 확충되고 있다. 각 종교단체를 대표하는 종교학교에서는 고급 종교교역자의 인재양성을 목표로 한 석 · 박사 학위과정을 신설하는 등 고학력 종교교역자들을 배출하고 있다. 2014년 종교학교에서 처음 불학석사학위 졸업생과 신학석사학위 졸업생을 배출한 이후로 상급 종교학교를 중심으로 '연구생'과정의 석 · 박사과정을 운영하는 종교학교들이 점차 늘어나는 추세에 있다.

□ 제17조

구조례 (2005)	수정조례 (2018)
	제17조 종교학교에서 외국국적의 전문인력을 초빙하려면 국무원 종교사무부서의 동의를 받은 후, 소재지 외국인업무관리부서에서 관련 수속을 받아야 한다.

[내용]

본 조항은 전체 조문이 수정조례에 추가된 것이다. 외국 국적의 종교 전문인력에 대한 초빙 절차와 교육활동과 관련된 규정이다.

[평석]

종교학교의 국제적 교류는 종교교육의 질을 높이고 전문인력의 양성을 위해서는 필수적인 요소이기도 하다. 또한 종교분야의 국제적 교류 수준은 중국 종교학교의 내실과 국제적 위상, 그리고 종교신앙 자유의 수준과도 상관관계가 있다. 중국의 종교는 세계 종교계의 관심대상이다. 중국의 인구와 국가적 위상을 고려하면 세계의 종교단체가 그 종교의 전파를 위해 적극성을 띄는 것은 당연한 일이다. 중국은 세계 주요 종교가 대부분 전파되어 들어간 지역에 해당하며, 현재도 많은 신앙인들이 각종 종교를 신앙하고 있다. 따라서 외국 종교인의 초청을 주된 내용으로 하는 국제적 교류는 세계적 관심사가 되는 것이다. 그런데 이 과도한 국제적 관심은 중국정부의 입장에서는 불편한 사안에 해당한다. 관심은 곧 간섭을 불러온다고 생각되기 때문이다. 따라서 종교학교의 외국종교인 초빙에 대한 법규[18]가 이미 마련되어 있었다.

본 조문은 기왕의 법규와 같은 입장을 취하고 있다. 그 핵심은 국무원 종교사무부서의 동의를 받아야 한다는 점, 소재지 외국인업무관리부서에서 규정에 따라 관련 수속을 받아야 한다는 점이다. 이에 따라 종교학교에 초청된 외국 종교인은 국무원 종교사무부서의 동의서를 받은 뒤에 소재지 행정부서에서 '외국인노동허가증'[19]을 발급 받아야 종교관련 교무활동을 할 수 있다. 그리고 이와 관련한 업무는 전적으로 외국인전문인력관리부서[20]의 소관 아래 집행된다.

외국인종교전문인력의 초빙에 까다로운 절차를 요구하는 것은 수정조례 5대원칙의 하나인 외국세력의 '침투방어'원칙과 관련이 있다. 중국은 개혁개방 이후 각 분야에서 대외 개방 정책을 적극적으로 시

18) 「宗教院校聘用外籍专业人员办法」(1998).

19) 外国人来华工作许可.

20) 国家外国专家局

행하였고 이로 인해 사회 각 방면에서 외국인의 활동이 활발하다. 그러나 유독 종교 관련분야에서는 조례에 언급된 것처럼 외국의 종교인을 초빙하는 일이 쉽지 않다. 중국의 종교적 쇄국주의 경향이 확인되는 현장이며 조문이라 할 수 있겠다.

□ 제18조

구조례 (2005)	수정조례 (2013)
	제18조 종교단체와 사찰, 도관, 이슬람사원, 교회에서 종교교역자를 양성하거나, 학습기간이 3개월 이상 걸리는 종교교육 훈련을 실시하려면 소재지 시급 이상 지방인민정부 종교사무부서의 심의 비준을 요청하여야 한다.

[내용]

본 조항은 전체 조문이 수정조례에 추가된 것이다. 종교단체와 사찰, 도관, 이슬람사원, 교회에서 실행하는 종교교역자의 관리에 관한 규정이다.

[평석]

종교학교는 종교교역자의 배출기지이다. 원래 중국에서는 각 종교마다 전통적인 종교교육이 있다. 티베트불교의 학경반(学经班). 이슬람교의 경문학교(经文学校), 천주교의 수도(备修院) 등이 그것이다. 각 종교의 고유한 의궤가 있으며 독자적 방식의 종교교역자 양성시스템이 가동되어 왔다는 뜻이다. 중국정부는 이들 각 종교의 전통적인 교육방식을 규범화하여 현대적 종교학교로 전환하려 하고 있다. 위의 조항은 기존의 복잡다단한 종교교육 방식과 양성과정에 통일성을 부여하고자 한다.

본 조문은 종교단체와 사찰, 도관, 이슬람사원, 교회의 교육에 해당하는 규정으로서 종교학교는 이 규정에 영향을 받지 않는다. 또한 종교단체와 사찰, 도관, 이슬람사원, 교회에서 시행하는 교육이라 할지라도 그 학습기간이 3개월 이하에 해당하는 단기과정은 여기에 포함되지 않는다. 3개월 이상 걸리는 장기 교육훈련과정은 반드시 시급 이상의 인민정부의 종교사무부서의 심사와 비준을 거치도록 하고 있다. 당연히 3개월 이상 걸리는 티베트불교의 학경반, 이슬람교의 경문학교, 천주교의 수도원 및 각 종교단체가 설립한 종교교육의 훈련과정은 모두 이 규정의 적용을 받아야 한다.

이 조항에서 각 종교의 전통적 종교교역자 양성과정에 대해 신고와 심사절차를 부과한 것은 그 종교적 특성과 자율성에 대한 침해로 해석될 수 있다.

제4장 종교활동장소 (제19조~제35조)

종교활동장소는 수정조례에서 제4장으로 설정되어 제19조~제35조까지 두 개의 조항이 늘어난 16개 조문으로 구성되어 있다. 구조례에 비해 수정조례에서 부각된 변화는 종교활동장소의 구분과 성립 요건을 한층 구체적으로 명시하고 있다는 점과 특히 종교활동장소의 법인화의 길을 터놓았다는 점이다.

□ 제19조

구조례 (2005)	수정조례 (2018)
	제19조 종교활동장소는 사찰, 도관, 이슬람사원, 교회 및 기타 고정된 종교활동장소를 포함한다. 사찰, 도관, 이슬람사원, 교회 및 기타 고정된 종교활동장소의 구분기준은 성, 자치구, 직할시 인민정부 종교사무부서에서 제정하고, 국무원 종교사무부서에 상신한다.

[내용]

본 조항은 전체조문이 수정조례에 추가된 것이다. 종교활동장소에 관한 분류기준에 관한 규정이다.

[평석]

종교활동장소는 사찰, 도관, 이슬람사원, 교회와 기타 고정된 종교활동장소의 두 갈래로 구분된다. 먼저 사찰에는 불교의 사원, 암자, 선원 등이 여기에 해당하고, 도관에는 전통적인 궁, 관 등이 있다. 이슬람사원은 이슬람교 신도들이 모이는 모스크를 말하고, 교회는 천주교와 기독교 신자들이 모이는 성당과 교회를 가리킨다. 이 외에 기타 고정된 종교활동장소란 주로 사찰, 도관, 이슬람사원, 교회를 제외한 종교를 신앙하는 사람들이 집회장소로 사용하는 고정된 활동지점을 가리킨다. 그러므로 기타 고정된 활동장소는 사찰, 도관, 이슬람사원, 교회에 비하면 일반적으로 규모가 작고 종교활동에 참가하는 인원도 적은 편이다. 경우에 따라서는 방 한 칸 정도의 작은 공간이 기타 고정된 종교활동장소의 범주에 포함될 수도 있다.

전국적으로 종교활동장소를 구분하는 기준이 분명하게 규정되어 있지는 않다. 무엇보다 사찰, 도관, 이슬람사원, 교회를 지칭하는 기준을 딱히 찾아보기 어렵다. 전국 각 지역의 성, 자치구, 직할시가 상황에 따라 임의적으로 이를 구분해 종교활동장소를 지정하여 왔다. 조문에서도 종교활동장소의 구분기준은 성, 자치구, 직할시의 인민정부 종교사무부서가 제정하는 것으로 되어 있다. 따라서 종교활동장소의 성립 요건을 두고 종교단체와 정부 간의 마찰이 발생할 소지도 있다.

현재 대다수의 가정교회나 지하성당의 경우 그 기능에 있어서 기타 고정된 종교활동장소에 해당하지만 법적 인정을 받지 않았다는 점에서 이 범위에서 제외된다.

□ 제20조

구조례 (2005)	수정조례 (2018)
제14조 종교활동장소의 설립은 아래의 조건을 구비하여야 한다. (1) 설립취지는 본 조례 제3조, 제4조의 규정을 위배하지 않는다. (2) 해당지역 신앙인의 정기적인 집체	제20조 종교활동장소의 설립은 아래의 조건을 구비하여야 한다. (1) 설립취지는 본 조례 제4조, 제5조의 규정을 위배하지 않는다. (2) 해당지역 신앙인의 정기적인 집체

구조례 (2005)	수정조례 (2018)
종교활동 요구가 있다. (3) 종교활동을 주재하는 교역자나 해당종교의 규정에 부합하는 그 밖의 인원이 있다. (4) 소요자금이 있다. (5) 합리적으로 배치하고, 주변 기관과 주민의 정상적인 생산활동 및 생활을 방해하지 않는다.	종교활동 요구가 있다. (3) 종교활동을 주재하는 교역자나 해당종교의 규정에 부합하는 그 밖의 인원이 있다. (4) 소요자금이 있고, 자금의 출처와 경로가 합법적이다. (5) 합리적으로 배치하고, 도시계획의 요구에 부합하며, 주변 기관과 주민의 정상적인 생산활동 및 생활을 방해하지 않는다.

[내용]

본 조항은 구조례 제14조의 일부분을 수정 보완하였다. 종교활동장소의 설립 조건을 구체적인 항목으로 분류하여 제시하고 있다. 종교활동장소는 제4조와 제5조의 내용을 준수해야 함을 강조하고 있으며, 그 자금과 설치장소에 관한 규정이 추가되어 있다.

[평석]

본 조항은 종교활동장소가 갖추어야 할 구비 조건을 항목별로 제시하고 있다. 제1항은 종교활동장소가 성립하기 위해서는 제4조와 제5조의 규정, 그러니까 사회주의핵심가치관을 지향하고 외국세력의 지배를 받지 않는 독립, 자주, 자영의 원칙을 따라야 한다는 규정에 위배되지 않아야 한다.

제2항과 제3항은 종교활동장소가 성립하기 위한 실제적인 구성 요건의 충족여부에 관한 규정이다. 집체종교활동이 성립하기 위해서는 일정한 숫자의 신앙인과 이를 주재하는 종교교역자, 그리고 관련 업무를 수행할 인원이 구비되어야 한다는 것이다. 각종 종교활동장소의

난립을 미연에 방지하는 동시에 그 책임의 소재를 분명히 하려는 의도가 담겨 있다.

제4항과 제5항은 소요자금과 설치위치에 대한 규정이다. 제4항은 종교활동장소의 소요자금에 대해 규정하고 있다. 수정조례에 밑줄로 표시한 추가된 부분은 자금출처와 경로의 합법성을 강조하고 있다. 대부분의 종교가 신성주의를 표방하고 있지만 종교의 활성화란 측면에서 보면 필요한 자금의 확보와 운영은 종교활동과 밀접한 상관관계에 있다. 종교활동에 사용되는 운용자금이 투명하지 않고 법에 저촉되는 용도로 사용되는 것은 결국 종교기관의 부패를 조장해 사회적 문제를 야기하게 된다. 그리고 중국 정부가 무엇보다 경계하는 것은 외국자본이 비밀리에 종교활동장소 등에 침투되어 그 영향력을 키우는 일이다.

제5항에서는 종교활동장소를 설립하려면 도시계획의 요구를 반드시 수용해야 한다는 내용이 추가되었다. 종교활동장소를 설립하려면 토지관리법에 규정된[21] 도시계획 부서의 지도와 감독을 받아야 한다는 것이다. 이 규정으로 정부는 종교활동장소를 규제할 수 있는 장치가 하나 더 추가된 셈이고 종교활동장소는 설립의 조건을 맞추기 위해 도시계획 부서와 관련계획까지 고려해야 하는 상황이 되었다.

이 밖에 종교활동장소의 합리적 배치를 요구하는 규정이 있는데 무엇이 합리적인지에 대한 정확한 기준이 없는 점, 주위 기관과 주민의 정상적인 생활을 방해하지 않아야 된다는 규정을 어떻게 해석해야 할 것인지에 대한 기준이 없다는 점 등을 중심으로 그 적용의 방식에 대한 우려가 제기되고 있기도 하다.

---

21) 「中华人民共和国土地管理法」(第22条第3款).

종교신앙은 존중되어야 하고 국가이익과 사회공공의 이익을 위배하지 않는 한 공권력의 간섭을 받아서는 안 된다. 특별한 경우가 아니라면 정부가 공민의 종교활동을 심사하거나 시간과 장소를 제한해서는 안 된다. 만약 본 조항을 적용하여 국무원이 자의적으로 종교활동장소에 대해 심사와 통제의 권한을 행사하는 일은 공민의 헌법권리를 침해하는 것과 다르지 않다는 비판이 제기되는 이유이다. 한 걸음 더 나아가 국무원이 종교활동장소에 대한 행정 허가에 관여할 적법한 권한이 없다는 비판이 제기되기도 한다.

특히 종교활동장소가 주민의 정상적인 생활을 방해하지 않아야 한다는 규정은 종교활동장소의 특성을 고려하지 않은 경향이 있다. 불교와 도교를 제외한 종교단체의 종교활동은 대부분 도시지역과 주거밀집장소에서 이루어진다. 따라서 주변환경에 영향을 미치지 않는 장소에 종교활동장소를 설립해야 한다는 이 조건을 충족하기가 쉽지 않다.

□ 제21조

구조례 (2005)	수정조례 (2018)
제13조 종교활동장소를 설립하려면 종교단체가 설립 예정인 종교활동장소의 소재지의 현급 인민정부 종교사무부서에 신청서를 제출한다. 현급 인민정부 종교사무부서는 신청서를 받은 날로부터 30일 이내에 동의하면, 설립지역의 시급 인민정부 종교사무부서에 보고한다. 설립지역의 시급 인민정부 종교사무부서는 현급 인민정부 종교사무부서에서	제21조 종교활동장소를 설립하려면 종교단체가 설립 예정인 종교활동장소 소재지의 현급 인민정부 종교사무부서에 신청서를 제출한다. 현급 인민정부 종교사무부서는 신청서를 받은 날로부터 30일 이내에 심의의견을 제시하여, 설립지역의 시급 인민정부 종교사무부서에 보고한다. 설립지역의 시급 인민정부 종교사무부서는 현급 인민정부 종교사무부서에서

구조례 (2005)	수정조례 (2018)
송달한 자료를 받은 날로부터 30일 이내, 사찰, 도관, 이슬람사원, 교회의 설립에 동의하면 심의의견서을 제출하여, 성, 자치구, 직할시 인민정부 종교사무부서에 심의비준을 요청한다. 기타 고정된 종교활동장소의 설립신청 비준여부를 결정한다. 성, 자치구, 직할시의 인민정부 종교사무부서는 설립 지역의 시급 인민정부 종교사무부서가 자료를 송달된 자료를 받은 날로부터 30일 이내 비준 여부를 결정해야 한다. 종교단체가 종교활동장소 설립신청 비준을 얻은 이후라야 해당 종교활동장소의 건립계획을 추진할 수 있다.	송달한 자료를 받은 날로부터 30일 이내에 기타 고정 종교활동장소의 설립신청에 대한 비준 여부를 결정한다. 사찰, 도관, 이슬람사원, 교회의 설립신청에 대해서는 심의의견서를 제시하여 성, 자치구, 직할시 인민정부 종교사무부서에 심의비준을 요청한다. 성, 자치구, 직할시 인민정부 종교사무부서는 설립 지역의 시급 인민정부 종교사무부서가 송달한 자료를 받은 날로부터 30일 이내에 비준 여부를 결정해야 한다. 종교활동장소 설립신청의 비준을 얻은 이후라야 해당 종교활동장소의 건립계획을 추진할 수 있다.

[내용]

본 조항은 구조례 제13조의 일부분을 수정 보완하였다. 종교활동장소의 설립신청과 심의비준 절차에 관한 내용 및 그 심의비준의 주체를 명시하고 있다.

[평석]

종교활동장소 설립신청의 주체는 종교단체이다. 종교단체에서 종교활동장소를 설립하려면 소재지 현급 인민정부 종교사무부서에 신청서를 제출하고 정해진 절차를 밟아야 한다. 수정조례에서 달라진 점은 기타 고정된 종교활동장소와 사찰, 도관, 이슬람사원, 교회의 허가 절차를 구분하여 규정한 점이다.

이에 의하면 모든 종교활동장소는 소재지 현급 인민정부 종교사무부서에 종교활동장소 신청서를 제출하여야 한다. 구조례에서는 현급 인민정부 종교사무부서가 30일 이내에 이에 대한 동의 여부를 결정하는 것으로 그쳤지만 수정조례에서는 심의의견서를 소재지 시급 인민정부 종교사무부서에 제출하도록 규정하고 있다. 그 신청한 종교활동장소에 대한 구체적인 검증작업을 한 단계 더 추가한 것이다. 기타 고정된 종교활동장소의 경우, 시급 인민정부 종교사무부서는 상신된 심의의견서를 검토하여 30일 이내에 비준 여부를 결정한다. 나아가 사찰, 도관, 이슬람사원, 교회의 종교활동장소 설립은 다시 한 단계의 절차가 더 추가된다. 시급 인민정부에서 심의내용서를 작성하여 성, 자치구, 직할시 인민정부 종교사무부서에 심의비준을 요청하도록 명시하고 있기 때문이다. 구조례에서는 시급인민정부 종교사무부서가 동의 여부를 결정하였지만, 수정조례에서는 동의여부와 상관없이 반드시 성, 자치구, 직할시 인민정부 종교사무부서에 심의비준을 요청해야 한다. 이처럼 수정조례에서는 종교활동장소의 설립에 대한 심사기관을 추가하여 그 타당성 여부를 면밀히 검토하고자 하고 있다. 또한 종교활동장소를 설립하려면 유관 법규[22]의 규정에 따라 적법한 신청절차를 밟아야 하는데 그 조건이 상당히 까다롭고 복잡하다.

본 조문에서 규정하고 있는 바와 같이 종교활동장소의 설립주체는 종교단체로서, 개인이나 기타 조직의 종교활동장소의 설립은 원천적으로 차단되어 있다. 결국 모든 종교활동장소는 정부 산하의 종교단체에 소속되어 있어야 한다. 이 조항은 가정교회나 지하성당의 활동을 원천 차단하는 기능을 수행할 것으로 보인다.

---

22) 「宗教活动场所设立审批和登记办法」.

□ 제22조

구조례 (2005)	수정조례 (2018)
제15조 종교활동장소는 비준과 조성계획을 거쳐 건설이 완공되면 소재지 현급 인민정부 종교사무부서에 등기를 신청해야 한다. 현급 인민정부 종교사무부서는 반드시 신청을 받은 날로부터 30일 이내에 그 종교활동장소의 관리조직, 규정, 제도, 건설 등의 상황에 대해 심사를 진행하여 조건에 부합하면 등기를 부여하고, 「종교활동장소등기증」을 발급한다.	제22조 (구조례와 동일)

[내용]

본 조항은 구조례 제15조의 내용과 동일하다. 종교활동장소는 법의 의거한 합법적 등기 절차를 받아 「종교활동장소등기증」을 발급받아야 공식적인 종교활동장소로 인정을 받는다.

[평석]

종교활동장소가 사회적 조직체로서 합법적인 지위를 획득하고 권익을 갖기 위해서는 절차에 따른 등기수속을 거쳐야 한다. 특히 비영리단체에 속하는 종교단체가 정책적인 혜택을 누리기 위해서는 등기가 필수적이다. 그러나 모든 종교활동장소에 등기가 발급되는 것은 아니다. 위의 규정에 따른 비준절차를 거쳐 설립된 종교활동장소만이 등기를 신청할 수 있기 때문이다.

종교활동장소의 등기업무는 소재지 현급 인민정부 종교사무부서가 주관한다. 현급 인민정부 종교사무부서는 등기를 신청한 종교활동장소에 대한 심사를 거친 뒤 30일 이내에 「종교활동장소등기증」을 발급해야 한다.

□ 제23조

구조례 (2005)	수정조례 (2018)
	제23조 종교활동장소가 법인조건에 부합하면 소재지 종교단체의 동의를 거쳐 현급 인민정부 종교사무부서의 심사와 동의를 받은 후, 민정부서에서 법인등기를 수속할 수 있다.

[내용]

본 조항은 전체 조문이 수정조례에 추가된 것이다. 종교활동장소의 법인 등록과 수속에 관한 내용을 규정한 조항이다.

[평석]

종교활동장소에 대한 법인등기 절차를 밝힌 본 조항은 수정조례의 특징을 보여주는 상징적인 조항 중의 하나이다. 원래 종교활동장소는 법인자격을 부여 받지 못해 그 합법적인 권익을 보호받기 어려웠다. 특히 종교활동장소가 법인자격을 갖지 못한 탓에 민사의 주체가 불명확하여 합법적 권익의 보호나 재산권의 행사에 있어서 큰 한계가 있었다. 종교활동장소의 소유주체가 불명확하고 재산 귀속이 불분명한 상황에 처하게 된 것도 이 법인등기의 규정이 없었기 때문이다. 뿐만 아니라 종교조직으로서 자선활동 등 공개적 사회활동에도 어려움이 따랐다. 수정조례에서는 종교계의 상황과 요구를 반영하여 법인의 지위를 부여하는 본 규정을 추가한 것이다.

정부의 입장에서도 종교활동장소에 법인자격을 부여하는 것은 관리감독의 측면에서 편리한 점이 많다. 특히 세수관리에 있어서 큰 효과를 거둘 수 있게 될 것으로 예상된다. 법인등기가 되지 않으면 종교활동장소에서 발생하는 이익에 대한 세수항목을 정하고 세금을 부과하는 등의 세수관리에 어려움이 있었기 때문이다. 또한 법인화가 이루어지면 정부부처 간의 책임소재와 공조활동에 있어서도 효과를 거둘 수 있게 될 것으로 보인다. 종교활동장소의 운영에 있어서 종교교역자의 독단적인 영향 행사를 줄이고 재무관리상의 무단침범과 사취 등 불법적 행위에 대한 책임을 물을 수 있게 될 것으로 보인다. 이처럼 수정조례에서 종교활동장소에 대한 법인화 방침은 종교기관이 독립적이고 자율적 기구로서의 역할을 수행할 수 있는 계기가 된다고 할 수 있다.

다만 법인신청의 과정에서 종교단체의 동의를 거쳐야 하는데 이에 따른 갈등이 발생할 수도 있다. 종교활동장소가 법인화되면 상당 수준의 독립성을 지니게 되므로 종교단체가 그 소속 종교활동장소의 법인화를 지지하지 않을 수도 있기 때문이다. 관리부서가 이원화되어 있다는 문제점도 지적된다. 법인화는 민정부서, 업무의 주관부서는 인민정부의 종교사무부서이기 때문이다. 따라서 부서간의 긴밀한 협조가 있어야 효과를 발휘할 수 있는 규정이기도 하다.

□ 제24조

구조례 (2005)	수정조례 (2018)
제16조 종교활동장소가 병합, 분리, 폐지 혹은 등기내용을 변경하려면, 원래의 등기관리기관에서 상응하는 변경수속을 밟아야 한다.	제24조 종교활동장소가 등기내용을 폐지하거나 변경하려면, 원래의 등기관리기관에서 상응하는 등기의 말소나 변경수속을 밟아야 한다.

[내용]

본 조항은 구조례 제16조의 일부분을 수정 보완하였다. 등기의 변경과 말소에 관한 규정을 담고 있다.

[평석]

종교활동장소의 등기내용에 변화가 생길 경우 원래 등기를 신청한 기관에 변경과 말소의 절차를 밟아야 한다는 규정이다. 예컨대 종교활동장소 등기의 주요 핵심인 명칭, 주소지, 책임자 등의 내용에 변화가 생길 경우 지체 없이 등기관리기간에서 변경절차를 밟아야 한다.

말소절차의 경우 등기업무기관에서는 해당 종교활동장소에 대해 등기말소문건을 발급하고 등기증서, 도장, 재무증빙서류를 회수해야 한다. 말소된 종교활동장소의 잉여재산에 대해서는 그 종지에 맞게 사용해야 하고, 더 이상 원래의 가옥, 건물이 종교활동장소의 명의로 사용하는 일이 없어야 한다. 특히 수정조례에 등기 말소의 구절이 삽입된 점을 통해 종교활동장소에 대한 현황과 기준을 명확하게 파악하는 한편 말소 이후에 이르기까지 법적관리를 분명히 하려는 태도를 엿볼 수 있다.

□ 제25조

구조례 (2005)	수정조례 (2018)
제17조 종교활동장소는 관리조직을 설치하여 민주적으로 관리해야 한다. 종교활동장소의 관리조직 구성원은 민주적 협의를 거쳐 선출하며, 소재지 등기관리기관에 상신해야 한다.	제25조 (구조례와 동일)

[내용]

본 조항은 구조례 제17조의 내용과 동일하다. 종교활동장소의 관리기구 설치와 구성 및 집행 과정의 투명성을 강조하고 있다.

[평석]

종교활동장소의 관리조직을 설치하여야 하며, 그것을 책임지고 관리할 수 있는 인원은 민주적인 절차에 따라 선출되어야 함을 명시하고 있다. 물론 이 관리조직의 구성원은 관련부서에 보고되어야 한다.

종교활동장소가 특정 종교교역자 개인의 독단에 의해 운영되는 것을 막고 종교의 사회적 순기능을 강화하기 위한 조항이라 할 수 있다. 민주적 협의에 의해 관리조직의 구성원을 선출하도록 규정함으로써 종교활동장소의 투명한 관리를 유도하고 있다. 그것은 종교조직도 중국의 전반적 사회시스템에 합치되는 방식으로 구성되어야 한다는 요구이기도 하다. 본 규정은 종교활동장소의 민주적 관리와 합법적 운영을 권장하는 동시에 조례의 기본 방침인 민족단결과 종교화목을 도모하기 위한 조문으로 해석된다.

□ 제26조

구조례 (2005)	수정조례 (2018)
제18조 종교활동장소는 내부관리를 강화하고, 유관 법률, 법규, 규정의 정한 바에 의거해 인원, 재무, 회계, 치안, 소방, 문물보호, 위생방역 등의 건전한 관리제도를 수립하며, 소재지 인민정부 유관부서의 지도, 감독, 점검을 받아야 한다.	제26조 종교활동장소는 내부관리를 강화하고, 유관 법률, 법규, 규정에서 정한 바에 의거해 인원, 재무, 자산, 회계, 치안, 소방, 문물보호, 위생방역 등의 건전한 관리제도를 수립하며, 소재지 인민정부 유관부서의 지도, 감독, 점검을 받아야 한다.

[내용]

본 조항은 구조례 제17조의 내용과 동일하다. 종교활동장소의 유지를 위한 내부 관리에 필요한 사항을 제시하고 이를 인민정부의 유관부서의 지도, 감독, 점검을 받도록 명시하였다.

[평석]

본 종교활동장소의 관리규정에 적용되는 관련 법안은 매우 다양하다.[23] 이러한 법안에 따라 적절하게 종교활동장소의 관리하기 위해서는 종교활동장소에 관련 전문인력이 배치되어 있어야 하며, 정부의 지도, 감독, 점검사항을 충실히 수용할 수 있어야 한다. 종교활동장소가 수행해야 할 종교 외적 업무도 적지 않은 것이다.

종교활동장소에서 수립해야 할 관리제도의 관리항목 중에 자산이 추가되었다. 자산 등의 관리에 대해 정부 유관부서의 지도, 감독, 점검을 받아야 한다는 것이다. 그러니까 종교활동장소는 그 자산의 규모와 자본의 출처, 그리고 소유권의 귀속 관계를 투명하게 제시하고 운용자본의 출처와 경로까지 보고해야 하는 것이다. 이를 통해 외세의 침투를 방어한다는 원칙을 관철하고자 하는 것이다.

□ 제27조

구조례 (2005)	수정조례 (2018)
제19조 종교사무부서는 종교활동장소의 법률, 법규, 규정 준수상황, 장소관리제도의 수립 및 집행상황, 등기 항목 변경상황 및 종교활동과 대외활동 상황에 대하여 감독과 검사를 진행하여야 한다. 종교활동장소는 종교사무부서의 감독과 검사를 받아야 한다.	제27조 (구조례와 동일)

23) 「中华人民共和国会计法」, 「中华人民共和国票据法」, 「中华人民共和国税收征收管理法」, 「民间非营利组织会计制度」, 「宗教活动场所财务监督管理办法」(试行), 「中华人民共和国消防法」, 「中华人民共和国文物保护法」, 「中华人民共和国传染病防治法」, 「城市市容和环境卫生管理条例」, 「突发公共卫生事件应急条例」 등.

[내용]

본 조항은 구조례 제19조의 내용과 동일하다. 종교활동장소의 법률, 법규, 규정의 준수상황 등에 대한 종교사무부서의 감독과 검사권한을 명문화한 조항이다.

[평석]

종교사무부서와 종교활동장소는 감시와 피감시의 관계에 있다. 종교활동장소는 법률, 법규, 규칙을 준수하는 동시에 각종 활동에 대해 종교사무부서의 관리와 검사를 받아야 하는 것이다. 당연히 종교활동장소가 규정을 준수하며 적법한 활동을 하고 있는지 감독하고 검사하는 권한과 책임은 종교관리부서가 가진다.

본 조항에 의거하여 종교사무부서는 법에 의한 강제적 행정권을 발동할 수도 있어서, 이 조문의 내용을 뒷받침할 행정 세칙이 마련되어야 한다는 지적이 많이 있다. 그렇지 않으면 종교활동장소의 자율성을 침해할 수 있는 권력의 개입과 강제가 일어날 수도 있기 때문이다.

□ 제28조

구조례 (2005)	수정조례 (2018)
제21조 종교활동장소 내에서는 종교용품, 종교예술품과 종교출판물을 판매할 수 있다. 등기를 거친 종교활동장소의 사원, 도관, 이슬람사원, 교회는 국가의 유관규정에 의거하여 종교내부 자료 성격의 출판물을 편집인쇄할 수 있다.	제28조 종교활동장소 내에서는 종교용품, 종교예술품과 종교출판물을 판매할 수 있다.

[내용]

본 조항은 구조례 제21조의 내용과 동일하다. 구조례 제7조에 관련 내용이 있으며, 구조례 21조의 내용이 둘로 나뉘어 본 조항에 빠진 종교활동장소에서의 종교 자료의 출판과 인쇄에 관한 내용이 제45조로 옮겨 갔다.

[평석]

종교활동장소에서 종교용품을 판매할 수 있다는 것은 종교활동장소에 제한된 범주에서의 상업활동을 허용한다는 뜻이다. 종교활동장소는 각종 종교용품, 종교예술품, 종교출판물을 판매할 수 있다.

다만 종교활동장소에서 위와 같은 상품을 판매하기 위해서는 상품과 출판물의 판매 경영에 관한 규정을 준수해야 한다. 상품을 판매하기 위해서는 사업자등록증을 발급받아야 하고, 출판물은 출판물관리조례에 의거해 출판물경영허가증을 취득해야 판매할 수 있다.

본 조항은 종교의 상업화가 문제가 되고 있는 시점에서 종교관련 상품의 판매에 관한 허가조항을 명시하고 있다는 데 그 의미가 있다. 다른 한편 구조례에 밑줄로 표시한 바와 같이, 종교자료의 출판과 인쇄에 관한 내용은 그 예측되는 영향력을 감안하여 별도의 독립 조항으로 분리하여 다루고 있다.

□ 제29조

구조례 (2005)	수정조례 (2018)
제23조 종교활동 장소는 해당 장소 내에서 발생하는 중대한 사고나 종교적 금기를 위반하는 등 신앙인의 종교적 감정을	제29조 (구조례와 동일)

구조례 (2005)	수정조례 (2018)
해치고 민족단결을 파괴하고, 사회적 안녕에 영향을 미치는 사건을 예방하여야 한다. 위에서 열거한 사고나 사건이 발생하면 종교활동장소는 즉시 소재지 현급 인민정부 종교사무부서에 보고해야 한다.	

[내용]

본 조항은 구조례 제15조의 내용과 동일하다. 종교활동장소에서의 사고나 사건의 발생을 예방할 책임이 있음을 명시하고 사건이 발생하면 소재지 종교사무부서에 보고하도록 규정하고 있다.

[평석]

다민족, 다종교 국가인 중국에서 신앙인과 비신앙인의 갈등, 종교와 종교 간의 갈등은 중요한 사회모순의 하나에 해당한다. 실제로 각 민족과 공민들 간에 서로의 고유한 종교적 금기를 침범함으로써 발생하는 갈등이 없지 않다. 이것이 종교갈등, 민족갈등으로 발전할 경우 국가사회의 안정에 큰 영향을 미칠 수밖에 없다. 이와 관련하여 중국은 2008년 티베트의 저항운동과 2009년 신장위그루자치구에서 발발한 7·5사태와 같은 갈등을 체험한 바 있으며 그것은 현재진행형에 있다.

따라서 본 규정은 종교갈등으로 인한 민족감정의 악화와 사회화해의 파괴를 방지하고자 하는 목적을 담고 있다. 이를 위해 종교활동장소에서 발생한 파괴행위, 인명살상, 재해 등에 대해 현급 소재지 인민정부 종교사무부서에 보고해야 하는 의무 조항을 명시하고 있다. 나아가 이러한 사건과 사고의 책임소재가 종교활동장소에 있음을 강조함으로써 종교조직의 적극적 역할을 주문하고 있다.

□ 제30조

구조례 (2005)	수정조례 (2018)
제24조 종교단체나 사찰, 도관, 이슬람사원, 교회가 대형옥외종교조형물을 종교활동장소 외에 조성하려면 성, 자치구, 직할시 종교단체가 성, 자치구, 직할시, 인민정부 종교사무부서에 신청서를 제출해야 한다. 성, 자치구, 직할시, 인민정부 종교사무부서는 신청을 받은 날로부터 30일 이내에 의견을 제시하여 국무원 종교사무부서에 심의비준을 신청해야 한다. 국무원 종교사무부서는 대형옥외종교조형물 조성에 대한 보고를 받은 날로부터 60일 이내에 비준 여부를 결정해야 한다. 종교단체나 사찰, 도관, 이슬람사원, 교회 이외의 조직이나 개인은 대형옥외종교조형물을 조성할 수 없다.	제30조 종교단체나 사찰, 도관, 이슬람사원, 교회가 대형옥외종교조형물을 사찰, 도관, 이슬람 사원, 교회 내에 조성하려면 성, 자치구, 직할시 종교단체가 성, 자치구, 직할시, 인민정부 종교사무부서에 신청서를 제출해야 한다. 성, 자치구, 직할시, 인민정부 종교사무부서는 신청을 받은 날로부터 30일 이내에 의견을 제시하여 국무원 종교사무부서에 심의비준을 요청해야 한다. 국무원 종교사무부서는 대형옥외종교조형물 조성에 대한 보고를 받은 날로부터 60일 이내에 비준 여부를 결정해야 한다. 종교단체나 사찰, 도관, 이슬람사원, 교회 이외의 조직이나 개인은 대형옥외종교조형물을 조성할 수 없다. 사찰, 도관, 이슬람사원, 교회의 밖에 대형옥외종교조형물 조성을 금지한다.

[내용]

본 조항은 구조례 제24조의 일부분을 수정 보완하였다. 종교활동장소의 옥외종교조형물 설치에 관한 내용이 명시되어 있다.

[평석]

종교조형물은 불상, 신상, 십자가, 예수상, 마리아상 등이 여기에 해당한다. 종교성의 형상화를 금지하는 이슬람교는 이 조항의 영향을 받지 않는다. 수정조례에는 구조례에 비해 종교조형물 설치의 요건을 강화하고 있다. 구조례에서는 종교활동장소 밖에도 종교조형물의 설치를 허가하는 조항이 있었지만, 수정조례에서는 모든 옥외종교조형물은 사찰, 도관, 이슬람사원, 교회 내에 한하여 설치할 수 있도록 규정하고 있기 때문이다.

종교활동장소 내의 조형물 조성에 대한 허가절차도 복잡하여 성, 자치구, 직할시 종교단체가 성, 자치구, 직할시, 인민정부 종교사무부서에 신청서를 제출하고 국무원 종교사무국의 비준을 받도록 규정하였다. 또한 종교조형물의 설치에 대한 제한의 조항에 더해 앞에서 살펴 본 바 '배치가 합리적이고', '도시계획'을 고려해야 한다는 종교활동장소 설치규정 등을 함께 적용하면 종교조형물의 설치는 까다롭고 복잡한 절차를 거쳐야 한다.

특히 종교단체 외의 개인이나 조직은 옥외의 어떤 공간에도 종교조형물도 설치할 수 없다. 뿐만 아니라 정식 종교활동장소가 아닌 기타 고정된 종교활동장소나 임시활동지점은 옥외 종교조형물을 설치하는 주체가 될 수 없다. 따라서 가정교회나 지하성당에서는 옥외 종교조형물 설치가 원천적으로 불가능하다. 근간에 일어난 원저우(溫州)의 십자가철거사건이 그 좋은 사례가 된다. 종교조형물은 그 자체가 종교를 상징하는 의미가 크고 개인이나 신앙집체의 경의와 신앙심의 표현으로 여기는 경우가 많다. 따라서 종교의 상징물은 종교자유의 지표가 될 수 있다.

종교를 문제관리의 방식으로 접근하는 중국 정부의 입장에서는 옥외 대형 종교조형물의 설치가 종교적 확산으로 이어지는 상황을 경계하고자 한다. 그리하여 이에 대한 통제강화의 규정이 수립된 것이다.

□ 제31조

구조례 (2005)	수정조례 (2018)
제25조 유관기관과 개인이 종교활동장소 내에서 건축물 개축 및 신축, 상업시설의 설치, 진열전시, 영화 및 드라마의 촬영을 하려면 사전에 해당 종교활동장소와 소재지의 현급 이상 지방인민정부 종교사무부서의 동의를 얻어야 한다.	제31조 유관기관과 개인이 종교활동장소 내에서 상업시설의 설치, 진열전시, 영화 및 드라마의 촬영, 그 밖의 활동을 전개하려면 사전에 해당 종교활동장소의 동의를 얻어야 한다.

[내용]

본 조항은 구조례 제25조의 밑줄 친 내용을 삭제하여 수정보완한 것이다. 외부 단체 및 개인이 종교활동장소 내에서 제반 활동을 하고자 할 경우, 종교활동장소가 그에 대한 동의의 권한을 갖는다는 규정이다.

[평석]

중국의 물권법 규정에 따르면 권리당사자는 그 소유물에 대해 소유권, 용익권, 담보권을 포함한 배타적 권리를 갖는다. 외부 기관과 개인이 종교활동장소 내에서 상업시설 설치, 진열, 영화 촬영 등 제반 활동을 하고자 할 때 종교활동장소의 동의가 있어야 한다는 이 규정 역시 물권법의 원칙을 기반으로 하고 있다.

원래 구조례에 따르면 종교활동장소 내의 활동에 대한 동의의 권한은 종교활동장소와 지방인민정부 종교부서에 함께 부여되어 있었다. 수정조례는 지방인민정부 종교부서의 권한에 관한 조문을 삭제하여 그것이 종교활동장소의 배타적 권한에 속하는 것임을 분명히 하였다. 이러한 개정으로 인하여 종교활동장소의 재산권을 보호하고, 한편으로는 그곳에서의 제반 활동 전개가 수월해지는 효과가 기대된다.

다만 상업시설의 설치는 관련 법률과 법규의 요구에 따라 공상행정관리 부서의 심의 등기를 거쳐 영업허가증을 취득해야 하고, 영화 및 드라마 촬영은 유관기관[24]에서 발급하는 허가증을 취득해야 한다. 또한 촬영되는 종교활동장소가 문물고적에 속하면 문물행정부서의 심의를 거쳐야 한다.

□ 제32조

구조례 (2005)	수정조례 (2018)
	제32조 지방 각급 인민정부는 실제수요에 근거해 종교활동장소 건설을 토지이용계획과 도시계획에 포함시켜야 한다. 종교활동장소, 대형옥외종교조형물은 토지이용계획과 도시계획, 인프라 건설, 문물보호 등 관련 법률과 법규에 부합해야 한다.

[내용]

본 조항의 전체 조문은 수정조례에서 추가된 것이다. 종교활동장소 등의 종교 건축물과 종교 조형물 건설은 토지이용계획, 도시계획 등에 포함되어야 하며 관련법규에 부합되어야 한다는 규정이다.

[평석]

종교활동장소와 대형옥외종교조형물의 건설을 지방인민정부의 관

---

24) 电影电视行政管理部门.

리감독 하에 두고자 하는 규정이다. 그동안 종교활동장소와 종교조형물의 조성은 도시건설계획에 포함되지 않았다. 이로 인해 종교인구의 증가에 따른 장소 확충이 필요함에도 이를 충족시킬 방법이 없었다. 일부 신자들이 사적으로 활동지점을 설치하여 허가되지 않은 종교활동을 진행하게 된 경위도 이와 관련이 있다고 본다. 그러므로 각급 정부가 종교활동장소의 건설을 토지이용계획과 도시계획에 포함해야 한다는 조례가 신설됨으로써 종교활동장소 건설은 제도적으로 보장 받게 되는 것이다.

아울러 이 규정은 종교활동장소 건설의 불법성을 통제하는 근거가 되기도 한다. 그동안 종교 건축물과 종교 조형물의 조성은 용지선정에서 건축과정에 이르기까지 법률과 법규를 위반하는 현상이 만연했고, 이로 인해 건축물 안전과 도시 미관 뿐 아니라 심지어 국가문물에 손상을 끼치는 상황까지 발생한 것으로 알려져 있다. 따라서 종교 건축물과 조형물의 조성이 토지이용계획, 도시계획, 문물보호 등의 관련 법률과 법규에 부합해야 한다는 규정이 마련됨으로써 각급 지방정부는 그 불법성을 억제할 수 있게 되고 나아가 종교활동장소 건설의 확대를 통제할 수 있는 권한을 가지게 되었다.

같은 차원에서 원래 심의본에 '신앙인의 실제수요'라고 표현된 것을 완성된 시행본에서는 '신앙인'을 삭제하여 실제수요의 주체를 모호하게 표현하였다. 이로써 실제수요의 여부에 대한 판단은 각급 지방정부의 자의적 해석에 의해 결정될 가능성이 커졌고, 종교활동장소와 종교조형물 건설에 대한 관리통제가 강화될 것으로 예측된다.

□ 제33조

구조례 (2005)	수정조례 (2018)
제25조 유관기관과 개인이 종교활동장소 내의 건축물 개축 및 신축, 상업시설의 설치, 진열전시, 영화 및 드라마의 촬영을 하려면 사전에 해당 종교활동장소와 소재지 현급 이상 지방인민정부 종교사무부서의 동의를 얻어야 한다.	제33조 종교활동장소 내의 건축물 개축 및 신축은 소재지 현급 이상 지방인민정부 종교사무부서의 비준을 거친 후 법에 의거하여 기획 및 건설 등의 수속을 밟는다. 종교활동장소를 증축하거나 장소를 변경해 재건하려면 본 조례 제21조에 규정된 절차에 따라 처리해야 한다.

[내용]

구조례 제25조에서 밑줄 친 부분을 삭제하여 수정보완한 것이다. 종교활동장소 내의 건축물 신개축의 비준기관을 명시하고, 증축 및 장소변경 시 따라야 할 관련 조항을 제시하고 있다.

[평석]

종교활동장소는 사회공공이익에 관련된 것이므로 정부의 관리범주에 포함되어야 한다는 원칙이 적용된 규정이다. 또한 종교활동장소를 증축하거나 다른 장소에 재건할 경우, 그 장소가 종교활동장소로서 적합한지에 대한 검토가 필요하며, 그럴만한 종교적 수요가 있는지, 지역별 분포가 적절한지, 도시계획의 요구에 부합되는지, 주민들의 정상 생활에 방해가 되지는 않는지 등에 대해 새로운 심사가 필요하다. 그러므로 제21조에 규정된 종교활동장소 설립 절차를 그대로 밟아야 하는 것이다.

한편 구조례에 신개축의 주체를 '유관기관과 개인'으로 규정했던 구절을 삭제했다. 종교활동장소 내 건축물의 신개축 주체는 종교활동장소 외의 다른 기관이나 개인이 될 수 없기 때문이다. 구조례의 밑줄 친 부분은 앞에서 살펴본 제31조의 내용으로 분할되었다.

□ 제34조

구조례 (2005)	수정조례 (2018)
제26조 종교활동장소를 주요관광내용으로 삼는 관광지에서는 소재지의 현급 이상 지방인민정부가 종교활동장소와 정원·문물·여행 등의 이익관계를 조화롭게 처리해야 하며 종교활동장소의 합법적 권익을 지켜야 한다. 종교활동장소를 주요관광내용으로 삼는 관광지에서의 건설계획은 종교활동장소의 풍격 및 환경과 서로 조화를 이루어야 한다.	제34조 관광지 내 종교활동장소가 있는 경우 소재지의 현급 이상 지방인민정부가 종교활동장소와 관광지관리조직 및 정원·임업·문물·여행 등의 이익관계를 조화롭게 처리해야 하며 종교활동장소·종교교역자·신앙인의 합법적 권익을 지키고, 정상적인 종교활동을 보호해야 한다. 종교활동장소를 주요관광내용으로 삼는 관광지에서의 건설계획은 종교활동장소의 풍격 및 환경과 서로 조화를 이루어야 한다.

[내용]

본 조항은 구조례 제26조의 내용을 수정보완한 것이다. 관광지 내에 있는 종교활동장소와 관련부서와의 이익을 조화시킬 권한과 의무를 현급 이상 인민정부에 부여하는 규정이다.

[평석]

관광지에 소재하는 종교활동장소의 지나친 상업화와 그로 인한 종교적·환경적 피해를 방지할 책임을 현급 이상 인민정부에 부여하고 있는 조항이다.

불교와 도교의 경우, 관광지와 종교활동장소가 겹치는 경우가 많이 있다. 예를 들어 불교의 오대산, 아미산, 보타산, 구화산 및 도교의

무당산, 청성산 등에 소재하는 종교활동장소는 유적관광지와 종교활동장소가 겹쳐있다. 그런데 이들 지역의 종교활동장소에서는 과도한 상업화의 문제가 발생하고 있다. 그로 인하여 정상적인 종교활동에 방해를 받게 되고, 각종 이해관계의 충돌로 인하여 종교활동장소와 지방정부 및 관련 이익단체 간에 갈등이 있어 왔다.

본 조항은 이러한 충돌과 갈등을 조정할 책임이 현급 이상 인민정부에 있음을 명시하고 있다. 다음으로 이러한 이해관계를 조절하는 과정에서 수정조례에서는 종교활동장소 뿐만 아니라 종교교역자와 신앙인의 합법적 권익과 정상적인 종교활동을 보호할 책임이 현급 이상 인민정부에 있다는 점을 명시하고 있다. 나아가 유적지 종교활동장소에 관광시설을 건설하는 경우 그것이 종교활동장소의 종교적 풍격과 전체적 환경을 해치지 않는 조화를 유지해야 한다고 규정하고 있다.

□ 제35조

구조례 (2005)	수정조례 (2018)
	제35조 신앙인의 정기적인 집체종교활동에 대한 요구가 있으나 종교장소 설립 신청조건을 갖추지 못한 경우, 신앙인대표가 현급 인민정부 종교사무부서에 신청서를 제출하고, 현급 인민정부 종교사무부서는 소재지 종교단체와 향급 인민정부의 의견을 구한 후 임시활동지점을 지정할 수 있다. 현급 인민정부 종교사무부서의 지도하에 소재지의 향급 인민정부는 임시활동지점의 활동을 관리 감독한다. 종교활동장소 설립조건을 갖춘 후, 종교활동장소 설립 및 등기 수속을 밟는다. 임시활동지점의 종교활동은 본 조례의 관련규정에 부합해야 한다.

[내용]

본 조항의 전체 조문은 수정조례에서 추가된 것이다. 임시활동지점의 지정이 현급 인민정부 종교관리부서의 권한이며, 지정된 임시활동지점에 대한 관리감독은 향급 인민정부의 책임이라는 규정이다.

[평석]

신앙인의 단체종교활동은 등기된 종교활동장소에서 진행함을 원칙으로 한다(제40조). 그런데 등기된 종교활동장소 밖에서의 활동을 필요로 하는 경우도 있다. 본 조항은 이러한 필요성을 반영한 것으로서 비인가종교활동에 대한 최초의 규정에 해당한다. 이로써 비인가종교단체의 신앙인대표가 종교사무부서에 임시활동지점을 등기 신청할 수 있는 가능성이 마련된 것이다.

그러나 이 조문은 해석의 여지가 남아 있다. 표면적 의미로 보면 인가종교단체에 소속되지 않고서도 종교활동을 할 수 있는 공간을 인정하고 있는 것처럼 보이나 사실상 비인가종교활동을 관제시스템 안으로 유인하기 위한 목적을 우선하고 있기 때문이다. 중국에는 정부의 인가를 받지 않은 가정교회와 지하성당이 존재하고 있으며, 정부의 암묵적인 용인 하에 등기되지 않은 장소에서 사설집회를 가져왔다. 본 신설규정은 이러한 비인가종교단체의 종교활동을 관제시스템으로 끌어들이고자 하는 목적을 담고 있다.

'임시활동장소의 종교활동은 본 조례의 관련규정에 부합해야 한다'는 조문은 심의본에는 없었던 것이 시행본에 추가된 것이다. 조문에서 말하는 관련규정이란 무엇보다도 총칙에서 밝힌 바, 종교활동은 국가의 통일, 민족의 단결, 종교 간의 화해, 사회의 안정을 수호해야 할 의무가 있고, 외국종교세력의 지배를 받아서는 안 되며, 종교를 이용하여 국가의 이익, 사회공공의 이익, 공민의 합법적 권익에 손해를 끼치는 위법활동을 해서는 안 된다는 규정이다.

다음으로 임시활동지점은 종교교육훈련, 대형종교활동, 종교교역자 인가, 대형옥외종교조형물 설립, 종교내부자료 관련출판물의 인쇄와 발송 등의 주체가 될 수 없다고 규정되어 있다. 또한 임시활동지점은 종교활동장소로서의 권리를 누릴 수 없고 종교단체의 이름으로 대외적으로 활동을 할 수 없다는 규정 등이 그것이다.

여러 측면에서 임시활동지점의 지정은 현실적으로 쉽지 않다. 신앙인대표가 현급 인민정부 종교사무부서에 심사신청을 제출한 뒤에도 소재지의 종교단체와 향급 인민정부의 의견을 구해야 하는 중첩된 절차가 남아 있기 때문이다. 이에 대해 비인가종교단체에서는 다음과 같은 몇 가지 비판을 내놓고 있다.

첫째, 소재지 종교단체의 의견을 듣는 과정에서 인가종교단체가 개입할 가능성이 있다. 즉, 이 조문에는 비인가종교단체를 인가종교단체에 예속시키려는 의도가 담겨 있음을 지적한 것이다. 가정교회와 지하성당은 애국종교단체에 예속되지 않고서는 등기와 합법화를 보장 받을 수 없어 실제 임시활동장소가 지속적으로 존립할 법률적 공간은 협소하다.

둘째, 현급인민정부 종교사무부서가 소재지 종교단체와 향급인민정부의 의견을 구한다는 부분이 상당히 모호하다. 어떤 방식으로 의견을 구하고, 두 기관이 무엇에 근거해 회신하는지 불명확하다. 따라서 이 조례는 행정허가법에 위배되고 집행성이 떨어진다고 평가되기도 한다.

셋째, 조문에 따른다면 정부기관의 관리감독이 종교활동에 대한 지도, 인도, 관리, 비준으로 확대될 위험성이 있다. 만약 종교활동의 시간과 장소에 대해 심의비준하는 일까지 포함하는 것이라면 그 자체가 위헌이며 종교신앙을 억압하는 일이라는 것이다.

제5장 종교교역자 (제36조~제39조)

제5장 종교교역자는 종교교역자의 신분인정에 대한 규정(제36조), 종교교역자의 직책 임명 및 변경에 대한 절차(제37조), 종교교역자의 종교활동에 대한 법률적 보호에 대한 규정(제38조), 종교교역자의 사회보장에 대한 규정(제39조)을 포함한다. 제36, 37, 38조는 구조례 제27, 28, 29조의 조문을 수정보완한 것이고, 종교교역자의 사회보장에 대한 규정(제39조)은 신설된 조항이다.

□ 제36조

구조례 (2005)	수정조례 (2018)
제27조 종교교역자는 종교단체의 인가를 거쳐 현급이상 인민정부 종교사무부서에 상신해야 종교교역활동에 종사할 수 있다. 티베트불교 활불승계는 불교단체의 지도하에 종교의궤와 역사정례에 따라 처리하고, 해당 지역 시급 이상 인민정부 종교사무부서나 해당 지역 시급 이상 인민정부에 비준을 요청한다. 천주교의 주교는 천주교 전국적 종교단체가 국무원 종교사무부서에 상신한다.	제36조 종교교역자는 종교단체의 인가를 거쳐 현급 이상 인민정부 종교사무부서에 상신해야 종교교역활동에 종사할 수 있다. 티베트불교 활불승계는 불교단체의 지도하에 종교의궤와 역사정례에 따라 처리하고, 성급 이상 인민정부 종교사무부서나 성급 이상 인민정부에 비준을 요청한다. 천주교의 주교는 천주교의 전국적 종교단체가 국무원 종교사무부서에 상신한다. 종교교역자 자격을 미취득했거나 상실한 자는 종교교역자 신분으로 활동할 수 없다.

[내용]

본 조항은 구조례 제27조의 내용을 수정보완한 것이다. 종교교역자의 신분인정에 대한 규정이다.

[평석]

중국정부 입장에서 보면 종교교역자는 신앙인에게 정부의 종교정책을 선전하고 그들을 인도하여 종교와 사회의 화합을 촉진하고 종교가 사회주의 사회에 적응하도록 이끌어 가는데 절대적 작용을 발휘하는 매우 중요한 인적자원이다. 그래서 종교교역자의 신분인정을 규범화하여 관제시스템 내에서 관리할 필요가 있다고 보았다. 이 규정에 의하면 종교교역자는 반드시 국가가 인정한 종교단체의 인가를 받아야 하고, 현급 이상 인민정부 종교사무부서에 등록하여 정부의 인가를 받은 후에야 종교교역활동에 종사할 수 있다.

또한 종교교역자의 신분인정절차를 종교단체 인가 → 현급 이상 인민정부 종교부서 등록으로 단순화하고 있는 불교, 도교, 기독교에 대한 규정과 달리 티베트불교, 천주교에 대한 규정은 보다 엄격하다.

그리하여 티베트불교 활불승계의 심의비준을 종래의 시급 이상 인민정부에서 성급 이상 인민정부로 상향조정하였다. 티베트의 활불이 갖는 종교적 권위가 티베트의 민족적 결속에 지대한 영향을 미치므로 이에 대해 당과 정부의 주도권을 강화하고자 한 것이다.

천주교의 주교 인정에 있어서는 그 심의비준의 권한을 국무원 종교사무부서에 두고 있다. 주교를 로마 교황청에서 임명하는 천주교의 세계적 준칙은 외국종교세력의 지배를 받아서는 안 된다는 중국종교사무관리의 대원칙과 충돌한다. 그래서 이를 국무원 종교사무부서의 업무에 귀속시켜 국가적 차원에서 통제하고자 하는 것이다.

마지막으로 정부가 인정하는 종교교역자 자격을 취득하지 못했거나 그 자격을 상실한 이는 절대 종교교역자 신분으로 활동할 수 없다는 조문을 추가하였다. 가정교회와 지하성당 등 제도권 밖에서 종교활동을 하는 교역자들을 겨냥한 조문이다. 본 규정에 의해 제도권 밖의 교역자들과 그들의 종교활동은 모두 불법으로 간주되어 관련규정(제71조)에 따라 처벌될 가능성이 높다.

□ 제37조

구조례 (2005)	수정조례 (2018)
제28조 종교교역자가 종교활동장소의 주요직책에 취임하거나 이임할 시 해당 종교단체의 동의를 거쳐 현급 이상 인민정부 종교사무부서에 상신한다.	제37조 (구조례와 동일)

[내용]

본 조항은 구조례와 동일하다. 종교교역자의 직책 임명 및 변경에 대한 절차를 명시하고 있다.

[평석]

종교교역자의 취임 및 이임 절차에 관한 규정이다. 취임과 이임의 동의권한이 해당 종교단체에 있다는 점과 이에 대한 관리권한이 정부부서에 있다는 점을 명시하고 있다.

여기에서 말하는 종교교역자란 종교활동장소의 종교활동 뿐만 아니라 그에 대한 재무, 환경, 문물보호 등 각 측면에 대한 관리책임을 지는 중요한 직책에 해당한다. 불교의 주지(방장), 도교의 방장·감원(전진파)과 주지(정일파), 이슬람의 아홍(阿訇), 천주교의 주임신부, 기독교의 주임목사 등이 이에 속한다.

이들의 취임과 이임에 대한 권한은 각 종교의 종교활동장소 선임, 종교단체의 동의를 받은 뒤 다시 인민정부 종교부서의 심의를 받아야 한다. 이 과정에서 정부를 대변하는 종교단체의 입장이 반영될 것이고, 또한 인민정부 종교부서가 해당 교역자가 애국적, 준법적 소양을 갖추고 있는지를 살펴보게 될 것이다. 그 과정에서 종교단체와 인민정부 종교부서는 해당 종교활동장소 내의 기타 교직자의 의견과 신도들의 의견을 청취하는 절차를 밟게 된다. 다만 그 의견청취의 과정과 결과의 처리방법에 대해서는 분명한 규정이 없어 자의적 의견청취가 될 가능성이 남아 있다.

한편 종교의 계율이나 법률·법규에 대한 심각한 위반이 있어 교역자를 해임해야 하는 사안이 발생했을 때에도 종교활동장소 내의 협상절차와 종교단체의 동의를 거쳐 이를 처리하도록 되어 있다.

이처럼 주요 교역자의 심의에 대해서는 국가종교사무국에서 제정한 별도의 시행세칙[25]이 있어 그 취임과 이임의 심의절차가 명확하게 규정되어 있다. 이에 의하면 교역자가 주요직책을 담임하기 위해 거쳐야 하는 절차는 소재지 종교단체의 동의 → (10일 이내) 소재지 현급 이상 인민정부 종교사무부서의 보고 상신 → (30일 이내) 회신의 과정을 거친다. 이 과정에서 그 임용제청의 절차가 적절하지 않은 경우, 민주적 협상을 거치지 않은 경우, 이전 직책의 말소절차가 완료되지 않은 경우, 자료가 부실한 경우에는 취임을 불허할 수 있다. 특수한 상황일 경우에는 주요직책에 대한 겸임이 가능하지만 소재지 종교단체의 동의를 얻은 뒤 각급 인민정부 종교사무부서에 제청하는 절차를 밟아야 한다.

---

25) 「宗教活动场所主要教职任职备案办法」.

□ 제38조

구조례 (2005)	수정조례 (2018)
제29조 종교교역자의 종교활동 주관, 종교의식 거행, 종교전적 정리, 종교문화 연구는 법률의 보호를 받는다.	제38조 종교교역자의 종교활동 주관, 종교의식 거행, 종교전적 정리, 종교문화 연구, 공익자선활동은 법률의 보호를 받는다.

[내용]

본 조항은 구조례 제29조를 수정보완한 것이다. 종교교역자의 종교활동에 대한 법률적 보호를 규정한 것이다.

[평석]

본 조항은 종교교역자의 종교활동 주관, 종교의식 거행, 종교전적 정리, 종교문화 연구 등에 대한 법률적 보호를 명시한 것이다. 종교활동의 범주에 공익자선활동을 추가했다.

공익자선활동은 각 종교의 기본정신과 일맥상통한 것으로 이에 대한 인정을 통해 종교의 사회적 활동범위가 확장되었다고 볼 수 있다. 자선활동은 정부의 주된 정책지향의 하나이며 국가종교사무국 또한 적극 참여하고 있다. 이에 따라 종교계는 공익자선활동을 활성화하여 대규모 자선기금회 등과 같은 조직을 연이어 설립하게 된다. 특히 종교계의 공익자선활동은 자선법[26]이 공식적으로 시행되면서 법적으로 보장받게 되었다.

중국정부는 자선활동이 공중도덕의 함양과 사회화합을 실현하여 '중국의 꿈'을 구축하는 중요한 수단으로 인식하고 이를 적극적으로

26) 「中华人民共和国慈善法」(2016.09.01.)

권장하는 입장이다. 따라서 이에 대한 종교계의 참여가 더욱 활성화 될 것으로 예측된다. 다만 종교계의 자선활동이 종교성을 드러내는 수단이 되어서는 안 된다는 규정이 함께 제시되어 있다는 점도 주목할 만하다.

□ 제39조

구조례 (2005)	수정조례 (2018)
	제39조 종교교역자는 법에 의거하여 사회보장 제도에 가입하고 관련 권리를 누린다. 종교단체, 종교학교, 종교활동장소는 규정에 따라 종교교역자를 위해 사회보험등기를 처리해야 한다.

[내용]

본 조항의 전체 조문은 수정조례에 추가된 것이다. 종교교역자의 사회보장에 대한 규정이다.

[평석]

사회보장의 핵심은 사회보험이라 할 수 있는데, 여기에는 기본양로보험, 기본의료보험, 상해보험, 실업보험, 자녀보험 등이 포함된다. 위의 규정으로 종교교역자는 관련법규[27]에 따라 사회보장을 받을 권리를 갖게 된다.

과거 종교교역자는 노년 이후 생활에 대한 제도적 보장을 받지 못하였다. 본 조례에 의해 중국정부는 인가받은 종교교역자의 사회보장

---

27) 「中华人民共和国社会保险法」.

문제를 해결해주는 조건으로 그들을 관제시스템 내에서 관리하고자 한다. 이로 인해 적어도 정부의 인가를 받은 종교교역자들은 최저생활과 노후생계를 보장받게 된다.

이러한 종교교역자의 사회보장권 확보를 위해 국가 종교사무국에서는 그 구체적 시행원칙[28)]을 수립하여 공지한 바 있다. 이에 따라 종교교역자가 활동하는 종교단체, 종교학교, 종교활동장소에서는 이들을 위한 사회보험가입조치를 해야 할 의무를 진다.

28) 「关于妥善解决宗教教职人员社会保障问题的意见」(2010), 「关于进一步解决宗教教职人员社会保障问题的通知」(2011).

제6장 종교활동 (제40조~제48조)

제6장 종교활동은 구조례 제2장 종교단체의 일부 조항(제7, 11조)과 제3장 종교활동장소의 일부 조항(제12, 20, 22조)을 따로 세우고, 몇 가지 새로운 내용의 조항을 추가한 것이다. 신앙인의 집체종교활동에 대한 규정(제40조)은 구조례 제12조, 비인가 종교조직의 종교활동 금지 규정(제41조)은 구조례 제20조, 대형종교활동에 대한 규정(제42조)은 구조례 제22조의 조문을 수정보완하였다. 이슬람교 신앙인의 해외순례에 관한 규정(제43조)은 구조례 제11조, 종교출판물에 대한 관리 규정(제45조)은 구조례 7조의 조문과 동일하다. 그 외, 종교와 교육을 철저히 분리한다는 규정(제44조), 종교 관련 출판물의 국내 반입에 관한 규정(제46조), 인터넷종교정보서비스 종사자에 관한 관리 규정(제47조), 인터넷종교정보서비스 내용에 대한 관리 규정(제48조)은 신설된 조항이다.

□ 제40조

구조례 (2005)	수정조례 (2018)
제12조 신앙인의 집체종교활동은 일반적으로 등기를 올린 종교활동장소(사원, 도관, 청진사, 교당 및 기타 고정된 종교활동 처소) 안에서 거행해야하고, 종교활동장소나 종교단체에 의해 조직되어야 하며, 종교교역자나 해당 종교규정에 부합하는 구성원이 주관하되, 교리와 의범에 따라 진행해야 한다.	제40조 신앙인의 집체종교활동은 일반적으로 종교활동장소 내에서 거행해야 하고, 종교활동장소, 종교단체 혹은 종교학교에 의해 조직되어야 하며, 종교교역자나 해당 종교규정에 부합하는 구성원이 주관하되, 교리와 의범에 따라 진행해야 한다.

[내용]

본 조항은 구조례 제12조를 수정보완한 것이다. 신앙인의 집체종교활동의 장소, 운영주체, 진행방식 등에 대한 규정이다.

[평석]

종교신앙은 개인적, 단체적 차원의 실천을 수반한다. 이 중 개인적 종교활동은 법으로 규정할 수 없는 것이지만 집체종교활동에 대해서는 중국당국은 법치의 차원에서 관리할 필요가 있다고 보고 있다.

집체종교활동에 대한 관리가 필요한 이유로 참여인원이 많다는 점, 인가받은 교역자가 종교활동을 주관하여야 한다는 점, 치안이나 소방, 위생방역 등의 관리를 필요로 한다는 점, 지정한 종교활동장소 내에서 진행되어야 한다는 점 등이 거론된다.

종교활동 조직의 주체를 종교활동장소, 종교단체, 종교학교로 한정하여 이에 속하지 않는 개인이나 단체의 종교활동은 불법에 속한다는 점을 명시하고 있다. 종교활동 진행의 주체를 인가받은 교역자와 규정에 부합하는 구성원으로 한정한 것 역시 마찬가지이다. 교역자는 인민정부의 심의를 거친 인원이고 규정에 부합하는 구성원 역시 국가가 인정하는 규정에 부합되는 인원이라는 뜻이다. 어느 경우나 국가 관리통제의 범위에 포함되어야 한다는 원칙이 작동하고 있다.

수정조례에서는 '등기를 한'이란 표현을 삭제하고 '종교활동장소'만 남겼는데, 종교활동장소 자체가 국가의 심의비준을 거친 것이기 때문에 동어반복을 피한 것이다. 종교활동장소, 종교단체, 종교교육기관 등 단체종교활동의 진행주체 및 종교교역자 등은 모두 국가의 심의비준을 거쳐서 존재하는 것이므로, 원칙적으로 이 범주를 벗어나는 집체종교활동은 불법이 되는 것이다.

□ 제41조

구조례 (2005)	수정조례 (2018)
제20조 종교활동장소는 종교적 관례에 따라 공민의 기부를 받을 수 있으나 강요하거나 분담 지우면 안 된다. 비종교단체, 비종교활동장소에서는 종교활동을 조직하거나 거행해서는 안 되며, 종교적 기부금을 받아서도 안 된다.	제41조 비종교단체, 비종교학교, 비종교활동장소, 비지정임시활동지점에서는 종교활동을 조직하거나 거행해서는 안 되며, 종교성 기부금을 받아서도 안 된다. 비종교단체, 비종교학교, 비종교활동장소는 종교교육 및 훈련을 해서는 안 되며, 공민을 조직해 해외에 나가서 종교적 성격의 교육, 회의, 활동 등에 참가해서는 안 된다.

[내용]

본 조항은 구조례 제20조의 일부 내용을 대폭 수정보완한 것이다. 인가받지 않은 종교조직의 제반 종교활동을 금지한다는 규정이다.

[평석]

중국의 종교관리부서에서는 미등기된 장소에서 종교활동 개최, 비인가 종교교역자의 고용, 사설헌금함의 설치, 종교명의의 재물 사취 등과 같은 일을 종교계의 큰 문제로 본다. 인가받지 않은 종교조직이나 종교인이 종교교육을 하거나, 불법적으로 학경반(学经班)과 경문학교(经文学校)를 설립하는 경우도 있고, 해외의 종교조직과 연계하여 단체를 조직하여 해외의 종교교육, 종교회의, 종교활동에 참가하는 경우도 있다. 나아가 경제적 이익을 목적으로 국내의 무슬림을 조직하여 해외참배를 다녀오는 경우도 있었다. 중국에서는 이 모든 행위가 종교의 정상적 질서를 어지럽히는 행위에 속하며 금지, 처벌의 대상이 된다. 본 조항은 이러한 행위를 금지한다는 규정이다. 법에 의거하여 종교활동을 전개하여 종교화합과 사회안전을 수호하고, 종교의 독립·자주·자영의 원칙을 견지하여 국외세력의 침투를 방어하고, 종교극단사상의 만연을 억제하고자 하는 것이 그 목적이다.

본 조항에서 말하는 종교적 기부금은 종교적 관습과 교의에 따라 종교단체에 자발적으로 재물을 기부하는 전통적 종교행위이다. 그렇지만 이 또한 집체종교활동을 종교활동장소, 종교단체, 종교학교 내에 한정한다는 규정(제40조)과 지정되지 않은 불법적 지점에서 종교활동을 진행할 수 없다는 규정(제35조)의 제재를 받는다. 따라서 가정교회와 지하성당 등과 같은 비인가 종교조직에서 이루어지는 일체의 기부행위는 불법에 해당한다.

□ 제42조

구조례 (2005)	수정조례 (2018)
제22조 성, 자치구, 직할시의 범위를 넘어 종교활동장소의 수용규모를 초과하는 대형종교활동이나 종교활동장소 밖의 대형종교활동을 거행하려면 주최하는 종교단체, 사찰, 도관, 이슬람사원, 교회는 개최예정 30일 전에 대형종교활동 개최지의 성, 자치구, 직할시 인민정부 종교사무부서에 신청서를 제출해야 한다. 성, 자치구, 직할시 인민정부 종교사무부서는 수리일로부터 15일 이내에 비준여부를 결정한다. 대형종교활동은 비준통지서에 명시된 요구에 의거하여 종교의궤에 따라 진행해야 하며 본 조례 제3조, 제4조의 유관규정을 위반해서는 안 된다. 주최하는 종교단체, 사찰, 도관, 이슬람사원, 교회는 의외의 사고발생을 예방할 유	제42조 성, 자치구, 직할시의 범위를 넘어 종교활동장소의 수용규모를 초과하는 대형종교활동이나 종교활동장소 밖의 대형종교활동을 거행하려면 주최하는 종교단체, 사찰, 도관, 이슬람사원, 교회는 개최예정 30일 전에 대형종교활동 개최지의 시급 인민정부 종교사무부서에 신청서를 제출해야 한다. 개최지의 시급 인민정부 종교사무부서는 수리일로부터 15일 이내에 해당 인민정부공안기관의 의견을 구한 후 비준여부를 결정한다. 비준이 결정되면 비준기관이 성급 인민정부 종교사무부서에 상신한다. 대형종교활동은 비준통지서에 명시된 요구에 의거하여 종교의궤에 따라 진행해야 하며 본 조례 제4조, 제5조의 유관규정을 위반해서는 안 된다. 주최하

구조례 (2005)	수정조례 (2018)
효한 조취를 취하여야 한다. 대형종교활동 개최지의 향진 인민정부와 현급 이상 지방인민정부의 유관부서는 각자의 직책에 따라 필요한 관리와 지도를 책임지고 실시하여 대형종교활동의 안전과 질서 있는 진행을 책임져야 한다.	는 종교단체, 사찰, 도관, 이슬람사원, 교회는 의외의 사고발생을 예방할 유효한 조취를 취하여 대형종교활동의 안전과 질서 있는 진행을 책임져야 한다. 대형종교활동 개최지의 향급 인민정부와 현급 이상 지방인민정부의 유관부서는 각자의 직책에 따라 필요한 관리와 지도를 책임지고 실시해야 한다.

[내용]

본 조항은 구조례 제22조를 수정보완한 것이다. 대형종교활동 신청 및 심의 절차와 각 측의 책임과 유의사항에 대한 규정이다.

[평석]

대형종교활동은 둘 이상의 종교단체나 종교활동장소가 연합한 종교활동이나 종교활동장소 외에서 거행하는 집체종교활동이다. 또한 성, 자치구, 직할시의 경계를 넘는 신앙인들을 대상으로 하는 활동이다. 이 활동은 신앙인들의 대규모 이동과 집결을 수반하므로 공공질서와 사회 안전에 영향을 미칠 수 있다. 따라서 개최측과 더불어 개최지의 지방인민정부와 공안부서 등 유관부서에 모두 관리감독의 책임을 부여하고 있다.

대형종교활동의 주최자격은 종교단체나 종교활동장소에 한정되어 있고 그 외의 어떠한 조직이나 개인도 이를 주최할 수 없다. 구조례에서는 성급 인민정부 종교사무부서가 이를 비준 및 심의하는 것으로 되어 있었는데, 수정조례에서는 개최지의 시급인민정부 종교사무부서에 그 심의비준의 권한과 책임을 함께 부여하였다. 물론, 시급인민정부 종교사무부서는 성급 인민정부 종교사무부서가 해당 지역의 대형종교활동 진행상황을 파악할 수 있도록 그 비준과정을 심의 요청해야 하고, 또한 해당 지역 공안부서에 협조를 구하여 함께 공공질서와 안전을 대비해야 한다. 그리하여 수정조례에서는 대형종교활동에 대해 개최지의 종교관리부서는 물론 공안부서, 향급 인민정부와 현급 이상 지방인민정부의 유관부서에게도 관리감독의 의무를 부여하고 있다.

대형종교활동은 종교의궤 및 비준통지서의 규정을 따라 종교활동을 진행해야 하고 아울러 본 조례 제4조와 제5조에 규정한 바, 법률과 법규, 국가와 사회의 공공이익과 공민의 합법적 권익, 민족단결과 종교화합을 수호해야할 책임이 있음을 명시하고 있다. 나아가 의외의 사고에 대비해야 하며 환경위생과 식품안전에 관한 모든 책임이 개최측에 있음을 명시하고 있어 거의 무한책임을 지우고 있다. 대형종교활동의 개최가 쉽지 않은 이유이다.

□ 제43조

구조례 (2005)	수정조례 (2018)
제11조 이슬람교를 믿는 중국공민의 해외순례는 이슬람교 전국적 종교단체가 책임지고 조직한다.	제43조 (구조례와 동일)

[내용]

본 조항은 구조례와 동일하다. 이슬람교 신앙인의 해외순례에 관한 규정이다.

[평석]

이슬람교 신앙인에게 해외성지순례는 실천해야 할 종교의무 중 하나이다. 그러나 종교극단주의, 테러세력, 민족분열세력이라는 세 가지 세력을 경계하는 중국정부의 입장에서는 해외순례는 여러 가지로 주의를 기울일 수밖에 없는 문제이다. 때문에 정부가 인정한 이슬람교협회만 해외순례단을 조직할 권한을 가지고 있으며 이에 대한 책임도 져야 한다는 규정이 세워진 것이다.

☐ 제44조

구조례 (2005)	수정조례 (2018)
	제44조 종교학교 이외의 학교 및 기타 교육기관에서의 종교선교, 종교활동 개최, 종교조직 결성, 종교활동장소 설립을 금지한다.

[내용]

본 조항의 전체 조문은 수정조례에 추가된 것이다. 종교와 교육을 철저히 분리하여 종교학교를 제외한 교육기관에서의 여하한 종교 관련 활동을 금지한다는 규정이다.

[평석]

중국은 교육과 종교를 서로 분리하고(교육법 제8조), 종교가 국가교육제도를 방해하는 활동을 해서는 안 된다(헌법 제36조)고 법적으로 명시해 놓고 있다. 수정조례 심의본에 국민교육학교에서 종교 관련 활동을 불허한다고 규정되어 있었던 것이 시행본에서는 '종교학교 이외의 학교와 기타 교육기관'[29]으로 바뀌었다. 따라서 정부가 비준하고

29) 宗教院校以外的学校及其他教育机构.

감독하는 종교학교를 제외한 여하한 교육기관에서의 종교선교, 종교활동 개최, 종교조직 결성, 종교활동장소 설립 등은 모두 불법이 된다. 교육의 영역을 종교 청정지역으로 유지하여 새로운 종교인구의 증가를 억제하려는 중국정부의 의도가 여실히 드러나는 정책이다.

□ 제45조

구조례 (2005)	수정조례 (2018)
제7조 종교단체는 국가의 관련 규정에 의거하여 종교내부자료 성격의 출판물을 편집인쇄할 수 있다. 공개 발행하는 종교출판물의 출판은 국가출판관리규정에 따라 처리한다. 종교내용과 관련된 출판물은 「출판관리조례」의 규정에 부합해야 하며 아래 내용을 담고 있어서는 안 된다. (1) 신앙인과 비신앙인의 조화로운 공존을 파괴하는 내용 (2) 다른 종교 간의 화목 및 종교 내부의 화목을 파괴하는 내용 (3) 신앙인 혹은 비신앙인을 멸시, 모욕하는 내용 (4) 종교극단주의를 선양하는 내용 (5) 종교의 독립, 자주, 자영 원칙을 위배하는 내용	제45조 종교단체, 종교학교, 사찰, 도관, 이슬람사원, 교회는 국가의 관련 규정에 의거하여 종교내부자료 성격의 출판물을 편집인쇄하고 발송할 수 있다. 공개 발행하는 종교출판물의 출판은 국가출판관리규정에 따라 처리한다. 종교내용과 관련된 출판물은 국가출판관리 규정에 부합해야 하며 아래 내용을 담고 있어서는 안 된다. (1) 신앙인과 비신앙인의 조화로운 공존을 파괴하는 내용 (2) 다른 종교 간의 화목 및 종교 내부의 화목을 파괴하는 내용 (3) 신앙인 혹은 비신앙인을 멸시, 모욕하는 내용 (4) 종교극단주의를 선양하는 내용 (5) 종교의 독립, 자주, 자영 원칙을 위배하는 내용

[내용]

본 조항은 구조례 제7조를 수정보완한 것이다. 종교 내용과 관련된 출판물에 대한 관리규정이다.

[평석]

종교 관련 출판물은 종교내부자료 성격의 출판물과 공개 발행하는 출판물로 나뉜다. 종교단체, 종교교육기관, 종교활동장소는 인쇄물, 영상제작물, 전자출판물을 포함한 모든 종교내부 자료들을 편집, 인쇄, 제작할 권한이 있지만 국가의 관련규정[30]을 준수해야 함을 명시하고 있다. 가령, 해당 자료를 위탁받은 기업은 출판행정부서가 발행한 면허증을 소지하고 있어야 하고, 인민정부 종교사무관리부서의 인쇄 및 제작 허가를 받아야 한다. 그 외의 조직이나 개인은 종교자료를 인쇄, 제작할 수 없다. 그러니까 이 규정에 의해 가정교회 같은 비인가 종교단체 내에서 편집하고 인쇄하는 인쇄물이나 단순한 내부 자료마저도 불법으로 간주되는 것이다.

공개 발행하는 종교출판물의 경우 더욱 엄격하게 관리된다. 관련규정[31]에 따라 도서출판사, 음향출판사, 전자출판사 등은 그 연간출판계획 및 국가사회안전과 관련된 주제의 출판물에 대해 소재지의 성, 자치구, 직할시 인민정부 출판행정주관부서의 심사를 받아 국무원출판행정주관부서에 심사를 신청해야 한다. 즉, 중대한 주제의 출판물은 심의를 거치지 않고서 출판될 수 없다는 것이다.

특히 종교 관련의 출판물은 신앙인과 비신앙인, 동일 종교 내, 타 종교 사이의 공존과 화목을 파괴하는 내용을 절대 담아서는 안 되고, 종교극단주의를 선양하거나 종교의 독립·자주·자영의 원칙을 위배하는 내용을 절대 금지한다는 명시조항이 있다. 종교로 인한 갈등이 민족화

---

30) 「印刷业管理条例」(第20条第2款), 「内部资料性出版物管理办法」(第3条), 「音像制品管理条例」(第23条第1款), 「电子出版物出版管理规定」(第45条第1款), 「复制管理办法」(第23条).

31) 「出版物管理条例」第20条, 「图书､期刊､音像制品､电子出版物重大选题备案办法」.

합, 사회안전, 국가통일에 위해가 된다는 인식에서 출발한 규정이다.

☐ 제46조

구조례 (2005)	수정조례 (2018)
	제46조 개인 용도와 합리적 수량을 초과하는 종교 출판물 및 인쇄물을 반입하거나 기타 방식으로 종교 출단물과 인쇄물을 수입하는 것은 국가의 유관규정에 따라 처리해야 한다.

[내용]

본 조항의 전체 조문은 수정조례에 추가된 것이다. 종교 관련 출판물과 인쇄물의 국내 반입에 관한 관리규정이다.

[평석]

중국정부는 국외 종교출판물과 인쇄물의 대량 반입을 통해 국외종교세력의 영향력이 커질 수 있다고 있다. 본 조항에는 2007년에 시행한 출판물과 관련된 법규[32]와 동일한 내용으로 국외 종교세력의 침투를 막고, 그 종교적 영향력 확장을 차단하려는 중국정부의 의도가 여실히 드러나 있다.

☐ 제47조

구조례 (2005)	수정조례 (2018)
	제47조 인터넷종교정보서비스에 종사하려면 성급 이상 인민정부 종교사무부서의 심의와 동의를 거친 후, 국가인터넷정보서비스관리의 유관규정에 따라 처리해야 한다.

32)「中华人民共和国海关进出境印刷品及音像制品监管办法」.

[내용]

본 조항의 전체 조문은 수정조례에 추가된 것이다. 인터넷종교정보서비스 종사자에 대한 관리규정이다.

[평석]

인터넷의 전파력은 매우 광범위하고 지대하다. 각종 사이트, 블로그, 웨이보, 위챗퍼블릭넘버, 위챗그룹, 스마트폰애플리케이션 등 시공의 제약을 초월한 개방적 구조 안에서 누구나 자유롭게 정보를 공유하고 자기를 표현할 수 있기 때문이다. 중국정부는 이러한 인터넷 환경 속에서 종교를 빙자한 사기와 횡령, 종교갈등의 조장, 국외 종교세력의 침투, 종교극단사상의 전파 등 종교와 관련된 갖가지 불법과 범죄가 성행하고 있다고 본다. 따라서 국가와 사회 안전을 명목으로 인터넷에 대해 강도 높은 검열과 통제를 시행하고 있는 중이다.

인터넷종교정보서비스 종사자에 관한 관리규정을 신설하여 그 자격요건 심사를 성급 이상 인민정부종교사무부서의 관리감독 하에 둔다는 이 규정은 인터넷 강력한 법적, 심리적 구속력을 갖는다. 인터넷종교정보서비스 종사자는 성급 이상 인민정부 종교사무부서의 비준을 거쳐야 할 뿐 아니라 관련규정[33]에 따라 성, 자치구, 직할시 전신관리부서나 국무원 정보산업주관부서의 허가를 받아야 한다. 종교에 대한 관리를 온라인 영역으로까지 확대하여 종교활동을 강력히 통제하겠다는 중국정부의 의도가 분명하게 드러나 있다.

33) 「互联网信息服务管理办法」, 「非经营性互联网信息服务备案管理办法」.

□ 제48조

구조례 (2005)	수정조례 (2018)
	제48조 인터넷종교정보서비스의 내용은 유관 법률, 법규, 규정과 종교사무관리의 관련 규정에 부합해야 한다. 인터넷종교정보서비스의 내용은 본 조례 제45조 제2항의 규정을 위배해서는 안 된다.

[내용]

본 조항의 전체 조문은 수정조례에 추가된 것이다. 인터넷종교정보서비스의 내용에 대한 관리규정이다.

[평석]

본 조항은 인터넷종교정보서비스의 내용이 헌법 및 종교 관련의 법률,[34] 인터넷 관련의 법률과 법규,[35] 「종교사무조례」 등 종교 관련의 법규들을 준수해야 함을 명시한다. 또한 '다른 종교 간의 화목 및 종교 내부의 화목을 파괴해서는 안 된다'는 제45조 제2항의 규정을 의무화하고 있다. 인터넷종교정보서비스에 대한 다방면의 통제를 가능하게 하여 관리의 효과를 극대화하고자 하는 조항이며, 그 내용에 대한 규정 또한 자기검열의 기능을 발휘하게 될 것으로 예측된다.

---

34) 「中华人民共和国义务教育法」, 「中华人民共和国反恐怖主义法」.

35) 「全国人民代表大会常务委员会关于维护互联网安全的决定」, 「信息网络传播权保护条例」, 「互联网信息服务管理办法」, 「非经营性互联网信息服务备案管理办法」.

제7장 종교재산 (제49조~제60조)

제7장은 종교재산에 관한 것으로 구조례의 제5장 8개 조항(제30조~제37조)이 12개 조항(제49장~제60조)으로 확대되었다. 종교재산의 사용권과 소유권 및 등기에 관한 규정(제49조~제51조), 종교의 상업화 저지와 관련된 규정(제52조~제54조), 종교계 부동산의 국가 수용과 관련된 규정(제55조), 재무와 회계에 관한 규정(제56조~제60조) 등으로 이루어져 있다.

☐ 제49조

구조례 (2005)	수정조례 (2018)
	제49조 종교단체, 종교학교, 종교활동장소가 법에 의거하여 점유하고 있는 국가나 집체소유의 재산은 법률과 국가의 유관 규정에 따라 관리하고 사용한다. 기타 합법적 재산은 법에 의거하여 소유권 혹은 기타 재산권을 가진다.

[내용]

본 조항은 전체 조문이 수정조례에 추가된 것이다. 종교조직이 점유하거나 소유하고 있는 재산에 대한 관리권과 소유권을 규정하고 있다.

[평석]

사회주의 정권 수립 후 종교재산에 관한 문제는 복잡하게 전개되었다. 이는 종교를 소멸의 대상으로 바라보았던 사회주의 종교관과 사회의 주요 생산수단과 공공재를 공적소유로 간주하는 사회주의정책과 관련이 있는 것이었다. 중화인민공화국 수립 직후 중국 정부는 중국내 외국인 소유의 종교관련 건물을 접수하여 관리하였고, 정부기관들 또한 교회나 사찰 등과 같은 종교단체 소유의 건물과 토지를 점거하여 사용하였다. 특히 정치상 좌편향이 심화되었던 대약진 운동 및 문화대혁명 시기에 국가권력에 의한 종교재산의 침탈은 더욱 강화되었다.

개혁개방 정책 이후 중국정부는 이러한 극좌노선을 수정하면서 그동안 부당하게 침탈당한 종교재산을 종교단체로 귀속시키려는 여러 조치를 발표한다. 예를 들어 1981년 최고인민법원과 국무원종교사무국이 공동으로 발표한 문건[36]을 통해 문화대혁명 시기 침탈당한 종교재산을 종교단체로 귀속시켜야함을 명시하고 있다. 이에 이어 종교문제, 가옥재산권 문제 등에 대한 처리방침을 담은 문건들[37]을 통해 국가권력에 의해 부당하게 침탈당하였던 종교재산을 종교단체로 귀속시킨다는 원칙을 거듭 천명하고 있다.

그런데 종교별 역사적 배경에 따라 종교재산의 귀속 양상이 다른 것으로 파악된다. 베이징을 예로 들면 기독교 교회당의 소유권은 베이징시 기독교양회에 속하며, 천주교 성당은 베이징시 천주교 교구에 속하고, 이슬람교 청진사의 소유권은 베이징시 이슬람교협회가 가지는 등 그 소유주체가 각기 다르다. 특히 문물보호법에 의해 문물로 규정된 사찰이나 도관과 같은 종교활동장소는 소유권이 인정되지 않으며 그에 대한 관리 및 사용권만 인정될 뿐이다. 문물로 인정되면 기본

36) 「最高人民法院、国务院宗教事务局关于寺庙、道观房屋产权归属问题的复函」(1981).

37) 「关于我国社会主义时期宗教问题的基本观点和基本政策」(1982), 「国务院宗教事务局复有关宗教团体房屋产权问题」(1984).

적으로 그것은 국가의 소유로 귀속되기 때문이었다.

뿐만 아니라 종교재산의 소유권 및 권리주체에 대한 명확한 규정도 없었다. 종교정책 관련 문건과 법규에는 사찰소유, 사회소유, 사회공유, 국가소유, 신앙인 집단소유, 종교단체소유, 지방 종교협회소유 등등과 같이 권리주체가 통일되지 않아 때로는 법적 다툼이 야기되기도 하였다.

본 조항은 국가나 집체소유의 재산이라 하더라도 법에 의거해 점유하고 있을 경우 유관 관리규정에 따라 종교단체의 종지에 맞게 사용할 수 있도록 보장하고 있다. 뿐만 아니라 기타 합법적 재산에 대하여 소유권이나 재산권을 인정하고 있다. 복잡한 종교재산의 권속문제를 보다 구체적으로 명시하여야할 필요에 의해 본 조항이 추가된 것으로 보인다.

특히 본 조항은 법률적 미비성을 보완하기 위한 것이기도 하다. 종교활동장소의 재산권에 대한 법적 규정[38]이 모호하고, 물권법[39]에 기댄다 해도 종교단체가 사회단체에 포함되지 않아 법률적 주체로 인정하기 곤란한 경우가 많았기 때문이다.

본 조항은 종교의 합법적 재산에 대하여 소유권이나 재산권을 인정하고, 종교단체, 종교학교, 종교활동장소 등으로 권리주체를 구체적으로 제시하였다는 측면에서 수정조례는 종교재산의 권익을 보호하는데 긍정적인 역할을 할 것으로 판단된다.

그러나 어떠한 것이 합법재산인지, 법률이 어떻게 보호할 것인지가 명확하지 않다는 점, 종교단체의 토지와 기타 관련 재산에 대한 명확한 규정이 없다는 점, '기타 합법적 재산'외의 종교재산을 여전히 국가소유 및 집체소유로 귀속시키고 있다는 점 등은 여전히 해결되지 않

38) 「民法通则」(第77条).

39) 「物权法」(第69条).

은 문제로 남아 있다.

□ 제50조

구조례 (2005)	수정조례 (2018)
제30조 종교단체, 종교활동장소가 합법적으로 사용하는 토지, 합법적으로 소유하거나 사용하는 가옥·구조물·시설 및 기타 합법적인 재산과 수익은 법률의 보호를 받는다. 어떠한 조직이나 개인도 종교단체, 종교활동장소의 합법적 재산을 점거, 약취, 사적 분배, 파손 혹은 불법 차압, 압수, 동결, 몰수, 처분해서는 안 되며, 종교단체, 종교활동장소가 점유하거나 사용하는 문물을 훼손해서는 안 된다.	제50조 종교단체, 종교학교, 종교활동장소가 합법적으로 사용하는 토지, 합법적으로 소유하거나 사용하는 가옥·구조물·시설 및 기타 합법적인 재산과 수익은 법률의 보호를 받는다. 어떠한 조직이나 개인도 종교단체, 종교학교, 종교활동장소의 합법적 재산을 점거, 약취, 사적 분배, 파손 혹은 불법 차압, 압수, 동결, 몰수, 처분해서는 안 되며, 종교단체, 종교학교, 종교 활동장소가 점유하거나 사용하는 문물을 훼손해서는 안 된다.

[내용]

본 조항은 구조례 제30조와 동일하나 재산권의 주체로서 '종교학교'가 추가되었다. 종교재산의 관리이용권, 소유권, 재산권을 인정한 제49조의 내용을 보충하여 종교재산권의 법률적 보호를 강조하고 있다.

[평석]

개혁개방 이전에는 각급 정부기관에 의한 종교재산의 침탈사례가 많았다. 각급 정부기관은 지역의 교회, 사찰, 도관 등과 같은 종교단체 소유의 건물과 토지를 무단으로 점거하여 사용하는 것이 거의 상례에 속하였다. 예를 들어 2016년 현재, 베이징의 구시가지 지역에 등록된 600여 불교사원 중 불교의 종교활동장소로 사용되는 곳은 여섯

군데에 불과하고 대부분은 사회 각 분야 단체가 무단으로 점거하여 사용하고 있었다.

특히 종교재산이 문화유적에 속하는 경우, 행정 기관에서는 다양한 이유를 들어 그 침탈한 종교재산을 되돌려 주질 않는 경우가 많은 것으로 알려져 있다. 문물 유지보수 경비, 헌금함이나 공예품 가게 등에서 얻는 이익, 입장료 수익, 임대료 수익, 친인척 취직 등에 있어서 그 이익이 막대하기 때문이다.

어떠한 개인이나 조직이라도 종교재산을 침탈해서는 안 됨을 강조하고 있는 본 조항은 국가권력이 종교재산을 임의로 침탈하였던 과거의 역사적 과오를 반성하고 또 재발을 방지하고자 하는 차원에서 마련된 것이라 할 수 있다.

법률에 의거하여 종교재산을 보장한다는 이 조항은 종교권익의 보호라는 측면에서 긍정적인 의미를 지니고 있다. 물론 합법은 보호하는 대신 법의 테두리 밖에 있는 것은 법에 의해 통제하겠다는 의도는 분명하다. 법치라는 이름하에 종교조직에 대한 효과적인 통제의 기제를 갖고자 하는 것이다.

그래서 이 조항은 합법적 종교단체로 인가받지 못한 기독교 가정교회의 입장에서 보면 법치를 가장한 권력의 폭력으로 해석될 수도 있다. 왜냐하면 가정교회가 건물 등의 부동산을 합법적으로 취득하였다 하더라도 그곳에서 종교모임을 가지면 합법적으로 사용하는 종교재산의 범주에 벗어나 법의 보호를 받지 못하게 되기 때문이다. 즉, 가정교회는 종교사무관리부서가 인가한 합법적 종교단체가 아니기 때문에 건물 등의 부동산을 취득할 방법이 없게 된 것이다. 본 조항은 가정교회의 입장에서 볼 때 집회장소까지 원천적으로 봉쇄하는 통제조항이 될 수 있다.

□ 제51조

구조례 (2005)	수정조례 (2018)
제31조 종교단체, 종교활동장소 소유의 가옥과 사용 중인 토지 등은 법에 의거하여 현급 이상 지방인민정부의 건물·토지 관리부서에 등기를 신청하여 소유권, 사용권 증서를 수령해야한다. 재산권을 변경하게 되면 바로 등기 변경 수속을 거쳐야 한다. 토지관리부서는 종교단체 혹은 종교활동장소의 토지사용권을 확정하거나 변경 할 때, 해당 인민정부 종교사무부서의 의견을 구해야 한다.	제51조 종교단체, 종교학교, 종교활동장소 소유의 가옥과 사용 중인 토지 등의 부동산은 법에 의거하여 현급 이상 지방인민정부 부동산등기기관에 부동산등기를 신청하여 부동산증서를 수령해야한다. 재산권을 변경하거나 이전하게 되면 바로 등기 변경·이전 수속을 거쳐야 한다. 종교단체, 종교학교, 종교활동장소와 관련된 토지사용권을 변경하거나 이전할 때, 부동산등기기관은 해당 인민정부 종교사무부서의 의견을 구해야 한다.

[내용]

본 조항은 구조례 제31조를 수정보완한 것이다. 종교조직의 부동산 등기에 관한 규정이다. 부동산 등기 주체로서 종교학교가 추가되었고 소유권 및 사용권 증서는 부동산증서로, 토지 관리부서는 부동산 등기기관으로 대체되었다.

[평석]

부동산 등기란 부동산 등기기관이 법에 따라 부동산의 권리귀속사항 등을 부동산 등기부에 기재하는 행위를 말한다. 본 조례에서 말하는 부동산은 종교단체, 종교학교, 종교활동장소가 소유한 건물과 그 사용 중인 토지를 가리킨다. 중국에 있어서 부동산 관리는 물권법의 규정[40)]

40) 「中华人民共和国物权法」(第9条, 第10条).

을 원칙으로 하며, 부동산 등기에 관한 조례[41]에 따라 관리되고 있다.

부동산 관련 법률이 세분화되고 부동산 관련 등기 문서의 명칭 또한 구체화되면서 부동산 증서라는 보다 구체적인 용어를 사용한 것으로 보인다. 토지관리부서를 부동산 등기기관으로 구체화된 것도 마찬가지이다. 이에 의하면 소유 부동산에 대한 권리는 등기를 할 때에만 효력을 갖는다. 그러므로 종교조직의 부동산은 등기기관에서 부동산권리증서를 발급받아야 법률적으로 인정과 보호를 받을 수 있다.

종교조직에서 사용하는 토지 또한 마찬가지이다. 이에 대한 권리침해가 일어나지 않도록 종교조직에서 그 토지에 대한 사용권을 변경, 이전하고자 할 때 부동산 등기기관에서는 종교사무부서의 의견을 청구해야 한다. 다만 본 조항은 인민정부 종교사무부서가 종교단체, 종교학교, 종교활동장소의 재산권 행사에 간섭할 수 있는 가능성을 열어놓은 것으로 해석될 여지도 있다. 먼저 의견을 구하도록 함으로써 인민정부 종교사무부서가 종교단체, 종교학교, 종교활동장소의 토지와 관련된 활동현황을 잘 파악할 수 있고, 인민정부 종교사무부서에서 동의를 하지 않으면 종교단체, 종교학교, 종교활동장소의 토지사용권 변경이나 이전이 불가능해질 수도 있기 때문이다.

□ 제52조

구조례 (2005)	수정조례 (2018)
	제52조 종교단체, 종교학교, 종교활동장소는 비영리조직이므로 그 재산과 수입은 종지와 부합하는 활동 및 공익자선사업에 사용되어야 하며, 분배해서는 안 된다.

41) 「不动产登记暂行条例」(第3条).

[내용]

본 조항은 전체 조문이 수정조례에 추가된 것이다. 아래 제53조와 함께 수정조례의 특징 중의 하나인 종교상업화 억제를 명시한 조항이다. 종교단체, 종교학교, 종교활동장소는 비영리조직임을 강조하고 있다.

[평석]

비영리조직은 법적 규정[42]에 따라 그 소득을 공익성, 비영리성 사업에만 쓸 수 있으며 이익을 분배해서는 안 되는 조직이다.

비영리조직의 인정과 관리를 위한 관련규정들[43]이 제정되어 있으며 그것이 충족해야 할 조건들이 구체적으로 제시되어 있다. 특히 종교단체, 종교학교, 종교활동장소 등의 종교조직은 비영리조직이므로 영리를 목적으로 해서는 안 되며 그 재산과 수입은 분배되어서는 안 된다. 종교조직이 말소되는 경우에도 그 잉여재산은 종지에 부합하는 활동이나 공익자선사업에 쓰여야 한다. 마찬가지로 종교조직에 재산 헌납은 이에 대한 일체의 소유권을 포기하는 것을 원칙으로 한다.

물론 종교조직의 수익사업을 허용하는 경우도 있다. 종교출판물, 종교용품, 종교예술품의 판매 등을 인정하는 규정들[44]도 있다. 이를 통해 경제적 자립을 이룰 수 있고, 공익사업을 활발히 진행할 수 있는 조건을 확보하도록 할 수 있다고 보기 때문이다. 그러나 어느 경우에

---

42) 「中华人民共和国企业所得税法实施条例」(第84条).

43) 「中华人民共和国企业所得税法实施条例」, 「关于非营利组织免税资格认定管理有关问题的通知」.

44) 「中共中央关于我国社会主义时期宗教问题的基本观点和基本政策」,「中共中央、国务院关于进一步做好宗教工作若干问题的通知」.

도 그 수익이 개인에게 분배되어서는 안 된다는 것을 원칙으로 하고 있다.

본 조항은 이러한 원칙을 견지하면서 과도한 종교상업화를 방지하고자 하는 규정이기도 하다. 중국경제가 빠르게 성장하면서 종교계에도 상업화 경향이 나타나게 되었다. 종교상업화는 다음과 같은 특수한 환경을 배경으로 하고 있다.

첫째, 사회주의 정권 수립 후 사찰이나 도관과 같은 종교활동장소는 국가소유나 집체소유에 해당하여 종교재산으로서 법적 보호를 받지 못하는 상황에 처해 있었다. 원래 종교재산이었지만 종교와 관련 없는 국가기관이나 단체에 의해 종지와 관련이 없는 용도로 이용되고 있었다. 이러한 특수한 상황으로 인해 종교활동장소가 종교적 취지를 벗어나 상업적으로 이용되는 일이 일어나게 된 것이다.

둘째, 관광산업의 발전과 함께 경관이 수려한 곳에 위치한 사찰이나 도관이 관광명소가 되었다. 특히 90년대 이래 각 지방정부는 지역의 경제성장을 제고하기 위해 여행업을 적극적으로 지원하였는데, 이 과정에서 종교활동장소가 중요한 경제적 자원으로 간주되었다. 즉, 이러한 특수한 환경 속에서 각 지역의 지방정부와 기업들은 종교활동장소 및 문화유산을 상업적으로 이용하게 되었고 종교상업화는 갈수록 심화되었던 것이다.

따라서 '종교단체, 종교학교, 종교활동장소는 비영리조직이므로, 그 재산과 수입은 종지와 부합하는 활동 및 공익자선사업에 사용되어야 하며 분배해서는 안 된다.'라는 본 조항은 종교의 근본을 훼손하고 사회 풍조에 악영향을 미치는 종교상업화를 근원적으로 방지하고자 하는 원칙적 차원에서 제시되었던 것으로 보인다.

종교는 초월적·절대적 존재에 대한 체험이나 경험을 공유하고자 하는 일체의 활동에서 비롯되었다. 그러므로 그것이 추구하는 바는 절대적이며 궁극적인 가치 그 자체이다. 따라서 가치를 추구하는 종교와 이익을 추구하는 상업은 원칙적 차원에서 보면 애초 양립할 수 없는 두 범주에 속하는 것이다. 그러나 현실적으로 종교와 상업이 불가분의 관계를 가지고 있는 것 또한 사실이다. 특히 중국의 경우 위에서 살핀 특수한 환경 속에서 종교와 상업의 결합은 더욱 더 노골적으로 드러났다. 이러한 측면에서 볼 때 종교의 비영리성을 강조한 본 조항의 내용은 종교의 근본정신과 순수성을 환기하는 긍정적 의미를 지니고 있는 것으로 보인다. 그럼에도 종교의 경제활동을 통제함으로써 종교의 영향력 증대를 방지하고자 하는 의도가 없다고 할 수는 없다.

□ 제53조

구조례 (2005)	수정조례 (2018)
	제53조 어떠한 조직이나 개인이 기부하여 종교활동장소를 건설했더라도 해당 종교활동장소의 소유권이나 사용권을 가질 수 없으며, 해당 종교활동장소에서 경제적 이익을 취할 수 없다. 종교활동장소 혹은 대형옥외종교조형물에 투자나 위탁경영을 금지하며, 종교명의의 상업적 선전을 금지한다.

[내용]

본 조항은 전체 조문이 수정조례에 추가된 것이다. 원칙을 제시하였던 제52조의 내용에 이어 종교상업화 억제에 관한 보다 구체화된 규정을 제시하고 있다. 어떠한 조직이나 개인이 종교활동장소나 옥외종교조형물 건설에 공헌했다 하더라도 그것을 내세워 경제적 이익을 취하는 행위를 할 수 없음을 강조하고 있다.

[평석]

중국의 기업소득세 관련 조례[45]에 의하면, 비영리조직에 투자한 투자자는 그 조직의 어떠한 재산권이라도 소유하거나 향유할 수 없다. 그리고 위의 제52조에서 명시하고 있듯이 종교단체, 종교학교, 종교활동장소는 비영리조직이다. 따라서 비영리조직인 종교단체, 종교학교, 종교활동장소 및 옥외종교조형물에 기부나 투자를 하였더라도 이에 대한 경제적 이익을 취할 수 없는 것이다.

그런데 제53조에서 다시 한 번 종교활동장소나 옥외 조형물을 통해 경제적 이익을 취할 수 없음을 강조하고 있는 것은 최근 불교, 도교계의 종교상업화 경향이 이미 한계선을 벗어난 것과 관련이 있다. 종교활동장소를 '주식상장'하거나 '위탁경영'하여 막대한 이익을 창출하는 경우가 그러하다. 예를 들어 1997년, 소림사는 정식으로 주식회사를 발족시켰는데, 미국 경영학 석사(MBA) 출신의 스용신(释永信)이 방장이 되면서 소림사의 상업화를 적극적으로 추진하였다. 스용신은 소림사 산하에 '소림사 실업발전 유한공사', '소림영화사' 등과 같은 9개 자회사를 만들어 서구식 경영에 나섰다. 나아가 소림약국을 열어 소림 비법이 담겼다는 약을 팔거나, 온라인 쇼핑몰에 '소림사'로고가 찍힌 기념품과 쿵푸신발을 팔아 막대한 이익을 올리기도 했다. 그리고 2015년에는 호주에 소림사 분원을 건설하기 위해 약 2,040만 위안에 달하는 부동산을 매입하기도 하였다. 이에 대한 정부의 우려와 사회의 비판이 없을 수 없는 것이다.

---

45) 「中华人民共和国企业所得税法实施条例」(第84条).

위탁경영의 문제 또한 심각한 것으로 얘기된다. 2012년, 한 언론 매체를 통해 종교활동장소의 위탁경영의 실태와 폐단이 세상에 적나라하게 폭로되었다. 기사에 따르면 자본을 투자한 한 개인이 AAA급 관광지구에 속하는 쿤밍(昆明)의 암천사(岩泉寺)를 위탁경영하였는데, 그는 사원을 운영하면서 가짜 승려들을 고용하고 공덕전이나 향을 고가에 판매하는 방식으로 폭리를 취하였다. 이 사원의 1년 위탁경영비는 무려 720만 위안에 달한다고 한다.

이러한 종교의 상업화 경향을 두고 중국 종교의 현대화 과정에서 발생하는 불가피한 현상이라고 옹호하는 입장도 있지만, 종교를 돈벌이 수단으로 전락시키고 문화전통을 변질시켰다는 비판이 널리 나타나게 되었다. 종교가 금권에 의해 타락하는 것은 사회주의 종교정책에도 맞지 않는 것이기 때문에 과도한 종교상업화 현상은 중국정부가 결코 좌시할 수 없는 것이라 할 수 있다. 특정 집단이나 단체에 과도한 자금이 모여 세력이 형성되는 일 또한 그 자체가 국가의 안정에 위협이 될 수 있으므로 중국정부로서는 결코 용납할 수 없는 사안이라 할 수 있다.

□ 제54조

구조례 (2005)	수정조례 (2018)
제32조 종교활동장소가 종교활동에 사용하는 가옥, 구조물 및 그에 부속된 종교교역자 생활용도의 집은 양도, 저당 혹은 실물투자 할 수 없다.	제54조 (구조례와 동일)

[내용]

본 조항은 구조례 제32조와 동일하다. 종교활동장소에 부속된 건축물은 임의로 처리할 수 없음을 규정하고 있다.

[평석]

중국의 도시부동산관리법[46]에 의하면 부동산은 양도하거나 저당잡힐 수 있다. 그러나 한편으로는 예외 조항을 두어 종교활동장소에 부속된 가옥이나 구조물은 양도할 수 없음을 강조하고 있다. 종교활동장소 관련 건축물은 저당 잡힐 수 없다는 물권법의 규정도 있다. 종교활동장소와 관련된 가옥이나 구조물은 신앙인이 종교활동을 하는데 반드시 필요하다. 따라서 본 조항은 양도나 저당 혹은 실물투자로써 종교활동장소의 부동산권리가 상실되는 것을 방지하고자 하는 것이다. 이 규정은 종교권익의 보호에 긍정적인 역할을 할 것으로 보인다. 또한 본 조항에는 규정은 없으나, 관련법규에 따르면 종교단체나 종교학교와 관련된 부동산 또한 종교활동장소와 동일하게 양도, 저당 혹은 실물투자를 할 수 없다. 다만 종교단체, 종교학교, 종교활동장소의 자활이나 이익에 밀접한 관련이 있을 경우 민주적 절차와 검토를 거쳐 그와 관련된 부동산의 사용권을 변경하거나 이전할 수 있으며(제51조), 이 때 부동산등기부서는 해당 인민정부 종교사무부서의 의견을 구해야 한다. 또한 그 처리과정에서 획득한 수익은 종교단체, 종교학교, 종교활동장소의 종지에 부합하는 활동 및 공익자선사업에 사용되어야 하며 분배할 수 없다.(제52조)

□ 제55조

구조례 (2005)	수정조례 (2018)
제33조 도시계획이나 주요 프로젝트건설의 필요에 의해 종교단체, 종교활동장소의 가옥 건축물을 철거하거나 이전하려면, 철거 혹은 이전하려는 자는 종교단체나	제55조 공공이익의 필요에 의해 종교단체, 종교학교 혹은 종교활동장소의 가옥을 수용하려면 가옥 수용과 관련된 유관규정에 따라 집행해야 한다. 종교단체, 종교

46) 「中华人民共和国都市不动产管理法」.

구조례 (2005)	수정조례 (2018)
종교활동장소와 협의를 하여야 하며 종교사무부서의 의견을 구해야 한다. 쌍방의 협의와 동의를 거쳐 철거하거나 이전하면 철거 혹은 이전하려는 자는 철거나 이전하는 가옥이나 건축물에 대하여 재건을 하거나 국가의 유관 규정에 의거 철거되거나 이전되는 가옥이나 건축물의 시장 가격에 맞게 보상하여야 한다.	학교 혹은 종교활동장소는 금전으로 보상 받을 지, 가옥재산권으로 교환받을지, 혹은 재건할 지를 선택할 수 있다.

[내용]

본 조항은 구조례 제33조를 수정하여 보다 간명하게 하였다. 종교단체, 종교학교, 종교활동장소와 관련된 부동산의 국가 수용과 관련된 규정이다.

[평석]

중국경제가 발전하면서 도시재개발 사업 또한 활발히 전개되었다. 도시계획에 따른 재개발 사업에 의해 개인이나 특정 집단의 건축물이나 토지를 수용해야하는 경우가 발생한다. 중국의 물권법에는 '공익의 수요를 위해 법률이 규정한 권한과 절차에 의거하여 집체소유의 토지와 기관, 개인 소유의 가옥 및 기타 부동산을 징수할 수 있다.'고 규정하고 있다.[47] 또한 이와 관련된 조례[48]를 마련하여 금전보상, 재산권 교환, 재건 등에 관하여 상세하게 기술하고 있다.

그런데 종교단체, 종교학교, 종교활동장소와 관련된 가옥의 수용은 일반 가옥이나 토지의 수용과 다를 수밖에 없다. 종교단체, 종교학

---

47) 「中华人民共和国物权法」(第42条).

48) 「国有土地上房屋徵收与补偿条例」.

교, 종교활동장소의 가옥은 공민의 종교 신앙의 자유를 보장하고 정상적인 종교활동을 진행하는 물질적 토대가 되기 때문이다. 뿐만 아니라 종교와 관련된 건축물은 구조나 설비가 일반 건축물과 달라, 재산권 교환의 방식으로 건물만 바꿀 수도 없다. 때문에 중국정부는 종교단체, 종교학교, 종교활동장소 관련 부동산을 수용할 때 '보상방안 공포', '종교단체, 종교학교, 종교활동장소 및 관련 인사들의 의견 수렴' 등과 같은 세부절차를 마련하고 있다.

구조례에는 '철거 혹은 이전하려는 자는 종교단체나 종교활동장소와 협의를 하여야 하며 종교사무부서의 의견을 구해야 한다.'고 규정하여 보상은 '협의'에 의해 진행되는 것으로 되어 있다. 사안에 따라 심각한 재산권 침해가 일어날 수도 있는 것이다. 그러나 수정조례에서는 '협의'라는 구절을 빼고 구체적 보상방안을 제시함으로써 보상을 당연한 것으로 명시하고 있다. 종교재산의 보장이 더욱 명확해지고 구체화되었다고 할 수 있다. 그러나 한편으로는 도시계획, 주요 프로젝트건설과 같은 구체적 상황을 공익이라는 포괄적 개념으로 바꿈으로써, 공익이라는 명의 하에 종교에 대한 통제를 더욱 강화하였다는 비판 또한 없지 않다.

□ 제56조

구조례 (2005)	수정조례 (2018)
제34조 종교단체, 종교활동장소는 법에 의거하여 사회공익사업을 할 수 있다. 획득한 수익 및 기타 합법적 수입은 재무, 회계관리에 포함되어야 하며, 해당 종교단체나 종교활동장소의 종지와 부합하는 활동 및 사회공익사업에 사용한다.	제56조 종교단체, 종교학교, 종교활동장소, 종교교역자는 법에 의거하여 공익자선사업을 할 수 있다. 어떠한 조직이나 개인도 공익자선활동을 이용하여 선교할 수 없다.

[내용]

본 조항은 공익사업 및 그와 관련된 회계를 언급하고 있는 구조례의 내용을 수정한 것이다. 공익사업을 공익자선활동이라는 용어로 구체화하여 명시하고 있으며, 이를 이용하여 선교활동을 할 수 없음을 강조하고 있다. 회계 부분은 제58조, 제59조에서 별도의 조항을 마련하고 있다.

[평석]

중국은 세계경제에 결정적 영향을 미치는 경제대국으로 성장하였지만, 눈부신 성장의 이면에 어두운 그림자 또한 존재한다. 지역간・도농 간 빈부격차의 확대, 실업인구 및 빈민층의 증가, 환경오염과 이에 따른 자연재해의 증가, 개혁개방 이후 이데올로기적 혼란과 배금주의의 만연 등등은 중국사회를 불안하게 만드는 주요 원인들이다. 또한 이로 인해 야기되는 각종 사회문제 중에는 국가나 정부가 직접 해결할 수 없는 분야 또한 적지 않다. 이에 중국정부는 사회의 모든 것을 통제하려 하였던 과거 전통을 버리고 개인이나 민간단체에 사회공익분야의 일부 사업을 위임하게 되었다. 이러한 중국정부의 입장은 2016년 전국인민대표대회 심의를 통과한 자선관련법[49]에서 잘 드러난다. 자선법은 "국가는 자연인과 법인 그리고 기타조직이 사회주의핵심가치관을 실천하고, 중화민족 전통미덕을 선양하고, 법에 의거하여 자선활동을 전개하는 것을 격려하고 지지한다."[50]라고 적시하고 있다. 공익자선활동을 전개하는 법인이나 조직 중에서 가장 대표적인 것이 바로 종교단체이다. 따라서 자선법은 종교계가 공익자선활

49) 「中华人民共和国慈善法」.

50) 「中华人民共和国慈善法」(第5条).

동을 전개하는데 있어 법률적 근거를 제공하고 있다 할 수 있다.

사실, 종교계의 공익자선활동은 유구한 역사적 전통을 지니고 있다. 각종 종교는 공익자선활동을 통해 자연스럽게 교리를 전파하고 선교활동을 진행할 수 있었던 것이다. 특히 기독교의 경우 공익자선활동을 통한 복음전파가 종교활동의 주요부분을 차지하기도 한다. 그런데 본 규정은 공익자선활동은 인정하면서 이를 이용한 선교는 금지하고 있다. 보장과 통제의 원칙이 모순적으로 공존하는 규정이라 할 수 있다.

□ 제57조

구조례 (2005)	수정조례 (2018)
제35조 종교단체, 종교활동장소는 국가의 유관규정에 의거하여 국내외의 조직과 개인의 기부를 받아 해당 종교단체, 종교활동장소의 종지에 부합하는 활동에 사용할 수 있다.	제57조 종교단체, 종교학교, 종교활동장소는 국가의 유관규정에 의거하여 국내외의 조직과 개인의 기부를 받아 그 종지에 부합하는 활동에 사용할 수 있다. 종교단체, 종교학교, 종교활동장소는 국외 조직이나 개인의 조건부 기부를 받을 수 없으며, 접수한 기부금이 10만 위안을 초과하면 현급 이상 인민정부 종교사무부서에 보고하여 심의비준을 받아야 한다. 종교단체, 종교학교, 종교활동장소는 종교적 관례에 따라 공민의 기부를 받을 수 있으나 강요하거나 분담 지우면 안 된다.

[내용]

본 조항은 구조례 제35조를 수정보완한 것이다. 종교단체, 종교학교, 종교활동장소에 대한 기부를 내용으로 하고 있다. 구조례가 기부금의 용처를 명시하는 것에 머물렀다면, 수정조례는 기부의 조건, 액수까지 제한을 두고 있으며 기부의 강요나 분담을 금지하고 있다.

[평석]

비영리 조직인 종교단체, 종교학교, 종교활동장소는 일반적으로 신도들의 헌금이나 기부금으로 운영된다. 이 기부금은 유관규정[51]에 의거하여 국내외 조직과 개인의 지원금을 받아 종교의 교리에 부합하는 활동에 사용할 수 있다.

수정조례는 구조례와 마찬가지로 국외의 조직이나 개인의 기부를 인정하고 있다. 그러나 조건부 기부를 금지하고 10만 위안을 넘을 때 현급 이상 인민정부 종교사무부서의 심의와 허가를 받아야한다고 규정하고 있어 구조례보다 훨씬 엄격한 제한을 두고 있다.

조례에서 언급하고 있는 10만 위안은 종교 기부금의 차원에서 보면 그다지 큰 액수는 아니다. 그럼에도 이를 현급 이상 종교사무부서의 심의와 허가를 받아야한다고 규정한 것은 종교에 대한 외세의 간섭을 배제한다는 원칙(제5조)을 적용한 예라 할 수 있다.

종교단체에 대한 기부는 보시, 봉헌, 닛야(Niyyah) 등의 이름으로 다양하게 불리고 있으며 그 자체가 종교활동 중의 하나라 볼 수 있다. 종교와 신앙은 공민의 자유이다. 따라서 기부 또한 자발적으로 이루어져야 하며 어떠한 조직이나 개인이 강요하거나 분담 지워서는 안 됨은 명확하다. 이런 측면에서 볼 때 기부를 강요하거나 분담 지우면 안 된다는 조례의 규정은 종교의 상업적 타락을 막고 건강한 발전을 장려하겠다는 원칙을 제시한 것으로 보인다.

---

51) 「社会团体登记管理条例」(第26条).

□ 제58조

구조례 (2005)	수정조례 (2018)
第36조 종교단체, 종교활동장소는 국가의 재무, 회계, 세수 관리제도를 집행해야 하며, 국가의 유관 세수 규정에 의거해 세수감면의 혜택을 누릴 수 있다. 종교단체, 종교활동장소는 소재지의 현급이상 인민정부 종교사무부서에 재무. 수지상황, 기부금접수 및 사용상황을 보고하고, 적절한 방식으로 신도들에게 알려야 한다.	第58조 종교단체, 종교학교, 종교활동장소는 국가통일의 재무, 자산, 회계제도를 집행해야 하며, 소재지의 현급 이상 인민정부 종교사무부서에 재무상황, 수지상황, 기부금접수 및 사용상황을 보고하고 그 관리감독을 받아야 하며, 적절한 방식으로 신도들에게 알려야 한다. 종교사무부서는 유관부서와 관련 관리정보를 공유하여야 한다. 종교단체, 종교학교, 종교활동장소는 국가의 유관 재무, 회계제도에 의거하여 회계정산, 재무보고, 재무공개 등의 건전한 제도를 마련해야 한다. 건전한 재무관리기구를 설치하고 필요한 재무회계인원을 배치하여 재무관리를 강화해야 한다. 정부 유관부서는 종교단체, 종교학교, 종교활동장소에 대해 재무, 자산검사와 회계감사를 조직할 수 있다.

[내용]

본 조항은 구조례 제36조를 수정보완한 것이다. 종교단체, 종교학교, 종교활동장소의 재무와 관련된 규정이다.

[평석]

중국의 회계법과 관련 제도에 따르면[52] 종교단체, 종교학교, 종교활동장소는 민간 비영리조직으로서 국가 통일의 재무, 자산, 회계 제

52) 「中华人民共和国会计法」(第2条), 「民间非营利组织会计制度」.

도를 실행해야 한다. 하지만 현재 중국 종교계 재무관리의 제도화 수준은 낮은 단계에 머물고 있어, 종교 내의 부패현상과 종교상업화 문제를 효과적으로 막아내지 못하고 있다.

종교단체, 종교학교, 종교활동장소의 재무관리가 규범을 따르고 있는지, 투명성을 확보하고 있는지의 여부는 신앙인의 이익과 밀접한 관련이 있을 뿐 아니라 종교 제반 활동에도 직접적인 영향을 끼친다. 따라서 재무관리의 공개를 의무화하고 정부 유관부서의 관리감독을 강화한 본 조항은 종교업무의 법치화 수준을 높인다(제1조)는 원칙의 구체적 적용이라 할 수 있다. 다만 '소재지의 현급 이상 인민정부 종교사무부서에 재무상황, 수지상황, 기부금접수 및 사용상황을 보고하고 그 관리감독을 받아야 하며', '정부 유관부서는 종교단체, 종교학교, 종교활동장소에 대해 재무, 자산검사와 회계감사를 조직할 수 있다.' 라고 규정한 부분은 재무관리를 통한 종교통제를 강화하고자 한다는 비판에서 자유로울 수 없을 것으로 보인다.

□ 제59조

구조례 (2005)	수정조례 (2018)
	제59조 종교단체, 종교학교, 종교활동장소는 법에 의거하여 세무등기를 해야 한다. 종교단체, 종교학교, 종교활동장소와 종교교역자는 법에 의거하여 납세신고를 해야 하며, 국가 유관규정에 따라 세수혜택을 누릴 수 있다. 세무부서는 법에 의거하여 종교단체, 종교학교, 종교활동장소 및 종교교역자에 대해 세수관리를 실시해야 한다.

[내용]

본 조항은 전체 조문이 수정조례에 추가된 것이다. 종교단체, 종교학교, 종교활동장소 그리고 종교교역자에 대한 국가의 세수제도를 안내하고 있다.

[평석]

모든 국가의 공민은 납세의 의무가 있다. 종교단체, 종교학교, 종교활동장소에 수입이 발생하면, 곧 납세의 의무를 지게 된다. 그리고 종교단체, 종교학교, 종교활동장소는 납세인으로서 세무등기를 하고 납세신고를 하여야 한다.

세수혜택은 납세인이나 징세대상에 대한 일종의 특별우대 정책이라 할 수 있다. 세계 각국은 일찍이 비영리조직에 대하여 세수혜택을 주고 있는데, 중국의 경우 종교단체, 종교학교, 종교활동장소에 대하여 다양한 법률과 규정에 의거하여 아래와 같은 세수혜택을 주고 있다.

① 부가가치세 면제: 사찰, 도관, 이슬람 사원 및 교회에서 주최하는 문화, 종교활동의 입장료.[53)]

② 토지사용세 면제: 사찰이나 도관, 공원, 명승고적 등에서 사용중인 토지.[54)]

③ 부동산세 면제: 사찰이나 도관, 공원, 명승고적 등에서 사용 중인 건물.[55)]

④ 기타 수입에 대한 면세: 개인이나 조직의 기부를 통한 수입, 「중

53) 「营业税改征增值税试点过渡政策的规定」.

54) 「中华人民共和国城镇土地使用税暂行条例」.

55) 「财政部税务总局关于房产税若干具体问题的解释和暂行规定」.

화인민공화국기업소득세법」 제7조가 규정한 재정지출금이외의 기타 정부보조를 통한 수입, 성급 이상 민정·재정부서가 지급한 회비, 징세하지 않는 수입 혹은 면세수입을 예금함으로써 얻는 이자, 재정부와 국가세무국이 규정한 기타 수입.[56]

세수관리는 국가세무징수기관이 세법규정에 의거하여 세수과정에서 진행되는 조직, 관리, 검사 등과 같은 일련의 업무에 대한 총칭이다. 주로 세무등기 관리, 납세신고 관리, 세금징수 관리, 감세·면세 및 환세 관리, 영수증 관리, 납세 점검과 세무사찰, 납세관련 공문서 자료 관리 등의 업무를 포함한다. 중국의 세무 관련법[57]에 의하면 세무기관은 법에 의해 직무를 수행하여야 하며 어떠한 부서나 개인도 방해해서는 안 된다. 따라서 종교단체, 종교학교, 종교활동장소 및 종교교역자는 세무기관의 세수관리를 받아들여야 한다.

□ 제60조

구조례 (2005)	수정조례 (2018)
제37조 종교단체, 종교활동장소가 말소되거나 종료된 경우 재산을 청산해야 하며, 청산 후의 잉여재산은 해당 종교단체나 종교활동장소의 종지와 부합하는 사업에 사용해야 한다.	제60조 종교단체, 종교학교, 종교활동장소가 말소되거나 종료된 경우 재산을 청산해야 하며, 청산 후의 잉여재산은 종지에 부합하는 사업에 사용해야 한다.

[내용]

본 조항은 구조례 제37조를 수정보완한 것이다. 종교단체, 종교학

56) 「财政部､国家税务总局关于非营利组织企业所得税免税收入问题的通知」.

57) 「中华人民共和国税收征收管理法」.

교, 종교활동장소의 재산청산 및 잉여재산의 처리에 관한 규정이다.

[평석]

재산청산은 법률절차의 하나로 청산과정이 종결되어야만 특정 조직의 법률적 자격이 완전히 소멸된다. 청산과정을 거치지 않으면 법률적, 경제적, 사회적 책임소재가 명확해지지 않아 혼란을 야기할 수 있다. 따라서 종교단체, 종교학교, 종교활동장소 또한 말소되거나 종료된 경우 반드시 재산청산과정을 거쳐야 한다.

일반적으로 영리조직과 비영리조직의 구별은 영업이익의 유무가 아니라 영업이익의 분배방식에 의해 결정된다. 비영리조직의 자산과 소득은 분배할 수 없으며, 청산 후에도 잉여재산은 그 조직의 종지에 부합하는 사업에 사용되어야 한다. 따라서 비영리조직인 종교단체, 종교학교, 종교활동장소가 재산을 청산하면 그 잉여재산은 종지에 부합하는 사업에 사용해야 한다. 잉여재산을 '해당 종교단체나 종교활동장소'의 종지와 부합하는 사업에 사용해야 한다고 한 구조례의 규정에서 밑줄 친 부분을 삭제하고 종지에 부합하는 사업에 사용하도록 한다는 조문수정이 있었다. 재산청산에 들어갔다는 것은 그 재산권의 주체가 사라진다는 뜻이다. 그러므로 해당 종교조직의 종지 또한 소멸된 것으로 보아야 한다. 자칫하면 청산된 재산이 개인의 소유로 귀속될 수 있는 것이다. 수정조례는 그 가능성을 차단하면서 잉여재산을 종교적 사업에 쓸 수 있도록 인도하고자 하고 있다.

제8장 법률책임 (제61조~제75조)

제8장은 법률책임에 관한 것으로, 전체 15개 조항으로 이루어져있다. 구조례의 9개 조항(제6장, 제38조~제46조)이 수정조례에서는 15개 조항(제8장, 제61장~제75조)으로 확대되었다.

□ 제61조

구조례 (2005)	수정조례 (2018)
제38조 국가업무요원이 종교사무관리 업무 중 직권을 남용하거나, 직무를 소홀히 하거나, 사리사욕을 위해 불법행위를 한다면 처분해야 할 경우는 법에 의거하여 처리하고, 범죄가 성립할 경우 법에 의거하여 형사책임을 물어야 한다.	제61조 (구조례와 동일)

[내용]

본 조항은 구조례 제38조의 내용과 동일하다. 종교업무를 관리하는 행정직원의 준법정신을 강조하고, 위법행위 시 처벌대상이 될 수 있음을 명시하고 있다.

[평석]

문화대혁명 기간, 종교정책에서 인치의 폐해를 경험한 중국정부는 1982년 19호 문건에서 시작해 법치에 의한 종교 관리를 일관되게 추진하고 있다. 2013년 10월 23일 국가종교사무국 제6차 회의에서 통과된 국가종교사무국 공무원 업무준칙 총칙 제3조에는 국가종교사무국의 의법행정 및 청렴한 업무집행을 할 것을 명시하고 있다.

법률책임을 규정한 제8장의 첫 조항에 종교 관리의 주체가 되는 행정기관 및 구성원의 준법정신을 강조하고, 위법 시 처벌 가능성을 명시한 것은 종교업무의 관리자 또한 법의 적용을 받는 대상임을 확인시켜, 법치의 위엄을 스스로 세우려는 의지로 풀이할 수 있다.

□ 제62조

구조례 (2005)	수정조례 (2018)
제39조 공민의 종교신앙 혹은 불신앙을 강제하거나, 종교단체, 종교활동장소의 정상적인 종교활동을 방해하면 종교사무부서가 시정명령을 내린다. 치안관리행위를 위반하는 경우 법에 의거하여 치안관리처벌을 내린다. 종교단체, 종교활동장소와 신앙인의 합법권익을 침범하면 법에 의거하여 민사책임을 지우고, 범죄가 성립할 경우 법에 의거하여 형사책임을 묻는다.	제62조 공민의 종교신앙 혹은 불신앙을 강제하거나, 종교단체, 종교학교, 종교활동장소의 정상적인 종교활동을 방해하면 종교사무부서가 시정명령을 내린다. 치안관리행위를 위반하는 경우 법에 의거하여 치안관리처벌을 내린다. 종교단체, 종교학교, 종교활동장소와 신앙인의 합법권익을 침범하면 법에 의거하여 민사책임을 지우고, 범죄가 성립할 경우 법에 의거하여 형사책임을 묻는다.

[내용]

본 조항은 구조례 제39조의 내용과 대체로 동일하다. 중국정부가 종교활동을 보장하고 권익을 보호하는 대상으로 종교학교가 추가되었다. 공민의 종교신앙의 자유와 종교단체, 종교학교, 종교활동장소 및 신앙인의 합법권익을 침범할 경우의 처벌규정을 명시하고 있다.

[평석]

중국은 교육법의 관련규정에 종교학교 교육은 국무원령 별도의 규정에 따른다고 하였다.[58] 이에 수정조례는 종교학교에 관한 별도의 장

58) 「中华人民共和国教育法」(第84条第2款).

(제2장)을 마련하였고, 2018년 시행 예정이다. 따라서 중국정부가 권익을 보호할 법률적 책임이 있는 대상을 명기할 때, 기존의 종교단체, 종교활동장소에서 종교학교를 추가로 명시하였다.

중국정부는 수정조례 제11조에서 종교학교의 설립주체를 전국적 종교단체 및 성, 자치구, 직할시의 종교단체로 제한하였다. 본 조항은 중국정부가 정부가 인가 종교단체, 종교학교, 종교활동장소의 '정상적 종교활동'과 '합법권익'만을 보호하겠다는 선언으로 볼 수 있고, 비인가 단체의 활동과 권익을 제한할 근거로 적용될 여지가 있다. 다만, 여기서 '정상적 종교활동'과 '합법권익'의 정의가 불분명하여, 법적 구속력보다는 선언적 성격이 강하다고 볼 수 있다.

□ 제63조

구조례 (2005)	수정조례 (2018)
제40조 종교를 이용해 국가안전, 공공안전을 위협하거나, 공민의 인권, 민주적 권리를 침범하거나, 사회관리 질서를 방해하거나, 공공과 개인의 재산을 침범하는 등의 위법활동으로 인해 범죄가 성립하면 법에 따라 형사책임을 묻는다. 범죄가 성립하지 않으면 유관부서가 법에 의거하여 행정처벌을 내린다. 공민, 법인 혹은 기타 조직에게 손해를 야기하면 법에 의거하여 민사책임을 지운다.	제63조 종교극단주의를 선양, 지지, 자금지원하거나, 종교를 이용해 국가안전, 공공안전을 위협하거나, 민족단결을 파괴하거나, 국가를 분열시키거나, 테러활동을 하거나, 공민의 인권, 민주적 권리를 침범하거나, 사회관리 질서를 방해하거나, 공공과 개인의 재산을 침범하는 등의 위법활동으로 인해 범죄가 성립하면 법에 따라 형사책임을 묻는다. 범죄가 성립하지 않으면 유관부서가 법에 의거하여 행정처벌을 내린다. 공민, 법인 혹은 기타 조직에게 손해를 야기하면 법에 의거하여 민사책임을 지운다. 종교단체, 종교학교 혹은 종교활동장소가 위에 해당하는 행위를 하여 사안이 엄중한 경우, 유관부서가 필요한 조치를 취하여 바로잡는다. 이를 받아들이

구조례 (2005)	수정조례 (2018)
	지 않는 경우, 등기관리기관 혹은 설립 비준기관에서 법에 의거하여 등기증서 혹은 설립허가를 취소한다.

[내용]

본 조항은 구조례 제40조의 일부분을 수정보완한 것이다. 국가사회의 단결에 위해가 되는 일체의 종교행위에 대한 금지 및 구체적 행정 처벌내용을 담고 있다.

[평석]

중국정부는 현재 '테러와의 전쟁'을 진행 중이다. 추가된 조문은 이미 시행중인 국가안전법과 반테러법[59]에 기초한 것이다. 중국정부는 종교를 이용해 국가분열을 조장하거나, 테러활동을 벌이려는 극단주의 세력을 특히 경계하고 있는데, 이는 티베트, 위구르자치구의 분리독립의 움직임과 관련 있다. 2008년 3월 티베트자치구 라싸에서 대규모 유혈사태가 있었고, 2009년 7월 신장 위구르자치구 우루무치에서 대규모 유혈사태가 발생했다. 특히 신장 위구르자치구 유혈사태의 주범으로 지목되는 세 가지 세력 중 하나로 종교 극단세력이 주목 받았고, 수정조례는 이러한 정치적 상황을 반영하여, 종교극단주의에 대한 경고와 처벌조항을 강화하였다.

새롭게 추가된 조문에서 주목할 것은 두 가지이다. 첫째는 종교극단주의나 민족분열, 국가분열주의자에 대한 경고를 담고 있다는 점이다. 종교를 이용하여 국가안전, 공공안전에 위해를 가하거나 극단주

59) 「中华人民共和国国家安全法」(中华人民共和国主席令, 第29号)과 「中华人民共和国反恐怖主义法」(中华人民共和国主席令, 第369号).

의를 선양하거나 독립 · 자주 · 자영의 원칙을 파괴하거나 민족분열과 테러활동을 선동하는 행위를 엄격히 금지하고 있다. 종교극단주의에 대한 경고는 비단 이 조항 뿐 아니라, 제3조, 제4조, 제72조에도 반복적으로 나타나는데, 이는 종교극단주의를 통제하겠다는 정부의 강력한 의지를 표명한 것으로 볼 수 있다. 둘째는 위법 종교단체의 행정처벌을 구체적으로 명시하였다는 점이다. 구조례는 종교단체, 종교학교 혹은 종교활동장소의 위법행위에 대한 행정처벌의 내용이 구체적으로 명시되지 않아, 실제 적용단계에서는 모호한 부분이 많았다. 수정조례는 구조례의 모호했던 행정처벌을 등기증서 혹은 설립허가 취소라는 명확한 처벌기준으로 보완하여 제시하고 있다.

□ 제64조

구조례 (2005)	수정조례 (2018)
제40조 대형종교활동 중 국가안전, 공공안전을 위협하거나 사회질서를 심각하게 파괴하는 상황이 발생하면 집회행진시위의 법률과 행정법규에 의거하여 현장에서 조치하고 처벌한다. 주최하는 종교단체, 사찰, 도관, 이슬람사원, 교회에 책임이 있을 경우, 등기기관이 그 등기를 취소한다. 허가 없이 대형종교활동을 거행하면 종교사무부서가 활동정지를 명령한다. 위법으로 얻은 소득이 있으면 이를 몰수하고 위법소득의 1배 이상 3배 이하의 벌금을 부과할 수 있다. 그 중 대형종교활동을 종교단체, 종교활동장소가 허가 없이 거행했다면, 등기관리기관이 해당 종교단체, 종교활동장소의 직접적 책임자 교체를 명할 수 있다.	제64조 대형종교활동 중 국가안전, 공공안전을 위협하거나 사회질서를 심각하게 파괴하는 상황이 발생하면 유관부서에서 법률, 법규에 의거하여 조치하고 처벌한다. 주최하는 종교단체, 사찰, 도관, 이슬람사원, 교회에 책임이 있을 경우, 등기관리기관이 주요 책임자 교체를 명하고, 사안이 엄중한 경우 등기관리기관이 등기증서를 취소한다. 허가 없이 대형종교활동을 거행하면 종교사무부서에서는 유관부서와 협력하여 활동정지를 명령하고, 이에 더해 10만 위안 이상 30만 위안 이하의 벌금을 부과한다. 위법소득이나 비합법적으로 취득한 재물이 있으면 위법소득과 비합법적 재물을 몰수한다. 그 중 대형종교활동을 종교단체, 종교활동장소가

	허가 없이 거행했다면, 등기관리기관이 해당 종교단체, 종교활동장소의 직접적 책임자 교체를 명할 수 있다.

[내용]

본 조항은 구조례 제40조의 일부분을 수정보완한 것이다. 대형종교활동에서 사회안전을 위협하는 사건이 발생할 경우, 사안의 경중에 따른 처벌 규정과 구체적 벌금내역을 규정하고 있다.

[평석]

구조례는 대형종교활동 중 발생하는 사안의 행정처벌에 있어 현장즉결처분의 위법성이 존재했고, 대형종교활동 중 발생한 불법소득에 대한 벌금규정이 모호했다. 이에 수정조례는 구조례의 불명확한 부분을 명확히 하는 방향으로 수정되었다.

그리고, 종교사무국의 행정권이 강화되었다. 법원의 동의나 심의를 거치지 않아도, 종교사무국의 판단에 의해 종교활동장소의 책임자를 교체하거나, 등기 및 허가증을 취소할 수 있고, 위법소득과 불법재산을 몰수 할 수 있다. 행정부서의 판단에 따라 종교활동장소의 활동을 통제, 단속, 말소가 가능해짐으로써, 종교단체의 권한 약화가 예상되며, 행정부서의 조치가 부당하더라도 항소할 기관이 부재하다는 점은 향후 문제점으로 지적될 수 있다.

□ 제65조

구조례 (2005)	수정조례 (2018)
제41조 종교단체, 종교활동장소가 아래 중 하나에 해당하는 행위를 하면, 종교사무	제65조 종교단체, 종교학교, 종교활동장소가 아래 중 하나에 해당하는 행위를 하면,

구조례 (2005)	수정조례 (2018)
부서가 시정을 명한다. 사안이 비교적 엄중한 경우, 등기관리기관에서 해당 종교단체, 종교활동장소의 직접적 책임자 교체를 명한다. 사안이 엄중한 경우, 등기관리기관이 해당 종교단체, 종교활동장소의 등기를 취소하고, 비합법적 재물이 있으면 몰수한다. (1) 규정에 따라 등기변경 혹은 등록수속을 하지 않은 경우 (2) 종교활동장소에서 본 조례 제18조 규정을 위반하여 유관관리제도를 만들지 않았거나, 관리제도가 요구에 부합하지 않을 경우 (3) 종교활동장소에서 중대사고, 중대사건이 발생했음에도 즉시 보고하지 않아 심각한 결과를 야기한 경우 (4) 본 조례 제4조 규정을 위반하여 종교의 자립, 자주, 자영의 원칙을 위배한 경우 (5) 국가 유관규정을 위배하고 국내외 기부를 받은 경우 (6) 행정관리기관이 법에 의거하여 시행하는 관리감독을 거부한 경우	종교사무부서가 시정을 명한다. 사안이 비교적 엄중한 경우, 등기관리기관 혹은 설립비준기관에서 해당 종교단체, 종교학교, 종교활동장소의 직접적 책임자 교체를 명한다. 사안이 엄중한 경우, 등기관리기관 혹은 설립비준기관이 일상활동 금지를 명하고, 관리조직 개편, 기한 내 시정을 명하며, 이를 거부할 경우 법에 의거하여 등기증서 혹은 설립허가를 취소한다. 위법소득, 비합법적 재물이 있으면 몰수한다. (1) 규정에 따라 등기변경 혹은 등록수속을 하지 않은 경우 (2) 종교학교가 인재양성목표, 학사규정, 교과과정설치의 요구를 위반한 경우 (3) 종교활동장소에서 본 조례 제26조 규정을 위반하여 유관관리제도를 만들지 않았거나, 관리제도가 요구에 부합하지 않을 경우 (4) 종교활동장소가 본 조례 제54조 규정을 위반하여 종교활동용 가옥, 구조물 및 부속 종교교역자의 생활용도의 방을 양도하거나, 담보 잡히거나, 혹은 실물투자하는 경우 (5) 종교활동장소에서 중대사고, 중대사건이 발생했음에도 즉시 보고하지 않아 심각한 결과를 야기한 경우 (6) 본 조례 제5조 규정을 위반하여 종교의 자립, 자주, 자영의 원칙을 위배한 경우 (7) 국가 유관규정을 위배하고 국내외 기부를 받은 경우 (8) 행정관리기관이 법에 의거하여 시행하는 관리감독을 거부한 경우

[내용]

본 조항은 구조례 제41조를 수정보완한 것이다. 전체적으로 위법사항에 해당하는 규정이 구조례에 비해 두 가지((2)항, (4)항) 추가되었다.

[평석]

본 조항은 종교단체, 종교학교, 종교활동장소의 규제에 해당한다. 과거 6개였던 규제항목이 8개로 추가되었다는 것은 그만큼 정부의 규제범위가 더 확대되고, 강화되었다고 볼 수 있다. 수정조례 제11조는 전국적 종교단체 외 어떠한 조직이나 개인도 종교학교를 설립할 수 없음을 명시했고, 제13조는 종교학교의 설립기준을 명확히 제시하였는데, 그 기준에 교과과정도 포함되어 있다. 종교학교의 교과과정에는 종교, 문화 외 정치과목이 필수이고, 이 정치과목에는 애국주의, 사회주의, 시사정책과 법제 교육이 포함되어 있다. 위의 (2)항은 교과과정 관리기준을 강화하여 종교학교가 기준에 미달되는 교과과정을 운영하지 못하도록 사전에 방지한다는 의미로 해석될 수 있으나, 이와 동시에 종교교육의 자율성 훼손의 위험 또한 잠재해 있다. 또한 (4)항은 종교의 상업화를 제지한다는 긍정적 측면도 있으나, 종교활동장소의 재산소유권, 물권법 위반의 소지도 있다.

□ 제66조

구조례 (2005)	수정조례 (2018)
	제66조 임시활동지점의 활동이 본 조례의 관련규정을 위반하면 종교사무부서가 시정을 명한다. 사안이 엄중한 경우 활동정지를 명하고, 해당 임시활동지점을 취소한다. 위법소득이나 비합법적으로 취득한 재물이 있으면 몰수한다.

[내용]

본 조항은 전체조문이 수정조례에서 추가된 것이다. 종교활동지점이 수정조례 제35조를 포함하여 관련 규정을 위반했을 경우의 행정조치를 명시하였다.

[평석]

임시활동지점은 조직이 아닌 지정학적인 특정장소를 의미한다. 따라서 임시활동지점은 수정조례에서 종교활동장소나 종교학교에 한정하여 명시한 활동들을 수행할 수 없다. 예를 들어 종교교육양성과정을 만든다던가, 대형종교활동을 벌이거나, 종교교역자를 인증하거나, 옥외종교조형물을 조성하거나, 종교관련 출판물을 인쇄하거나 배부할 수 없다. 위의 예시 중 하나라도 시행한다면, 규정위반에 해당하므로 본 조항에 근거해 행정처벌을 받게 된다.

□ 제67조

구조례 (2005)	수정조례 (2018)
	제67조 종교단체, 종교학교, 종교활동장소가 재무, 회계, 자산, 세수에 관한 국가 관리규정을 위반한 경우, 재무, 세무 등의 부서가 관련규정에 의거하여 처벌한다. 사안이 엄중한 경우 재정, 세무부서의 의견에 따라 등기관리기관 혹은 설립 비준기관에서 해당 등기증서 혹은 설립허가를 취소한다.

[내용]

본 조항은 전체조문이 수정조례에서 추가된 것이다. 종교단체, 종교학교, 종교활동장소의 회계정산, 재무보고, 재무공개 등의 제도마련을 의무화(제58조)하고, 이를 위반했을 경우 뒤따르는 행정처벌을 명시하였다.

[평석]

2012년 중국의 한 매체가 불교사원의 위탁경영 사례를 대서특필하며, AAA급 여행지에 소재한 도교, 불교사원의 상업화가 사회적 문제로 떠올랐다. 종교의 상업화 경향이 두드러지면서, 종교활동장소의 투명한 재무관리를 위한 국가규정을 마련해야 한다는 사회적 의견이 지배적이었다.

본 조항은 종교단체, 종교학교, 종교활동장소가 제58조에서 명시한 의무조항을 위반했을 경우에 뒤따르는 행정처벌을 명시하였다. 주목할 점은 위법사항이 적발될 경우, 종교업무를 관장하는 종교사무국 뿐 아니라 정부의 재무, 자산, 세무 등의 부서가 함께 의견을 제시하고, 전방위적인 제재를 가할 수 있다는 것이다. 종교의 상업화를 제재하기 위한 조치이자, 정부의 각 부서가 종교의 운영에 적극 개입할 수 있는 가능성을 열어두었다고 볼 수 있다.

□ 제68조

구조례 (2005)	수정조례 (2018)
제42조 종교적 내용을 포함하고 있는 출판물이 본 조례 제7조 제2항의 금지내용을 포함하고 있다면, 유관주관부서가 해당 책임기관 및 책임자에 대해 행정처벌을 내린다. 범죄가 성립하면, 법에 의거하여 형사책임을 묻는다.	제68조 종교적 내용을 포함하고 있는 출판물, 혹은 인터넷종교정보서비스가 본 조례 제45조 제2항의 금지내용을 포함하고 있다면, 유관부서가 해당 책임기관 및 책임자에 대해 행정처벌을 내린다. 범죄가 성립하면, 법에 의거하여 형사책임을 묻는다.

	허가 없이 인터넷종교정보서비스에 종사하거나, 승인 및 등록 항목을 넘어선 서비스를 제공하는 경우, 우관부서에서 관련 법률과 법규에 의거하여 처리한다.

[내용]

본 조항은 구조례 제42조를 수정보완한 것이다. 앞에서 제시한 제47조(인터넷종교정보서비스 종사자의 자격요건), 제48조(인터넷종교정보서비스 제공내용)의 내용을 위반했을 경우의 행정처벌 규정을 명시하고 있다.

[평석]

현재 중국의 인터넷 사용인구는 폭발적으로 증가하고 있는 상황이다. 2017년 8월 4일, 중국인터넷정보센터(CNNIC)가 발표한 중국의 인터넷관련 현황보고에서 중국의 인터넷 사용인구규모가 7.51억(2017.6월 기준)에 달한다고 한다. 이는 전 세계 인터넷 사용자의 5분의 1에 해당한다. 인터넷 사용인구의 증가만큼 인터넷을 종교 전파의 매체로 적극 활용하는 사례도 증가하고 있다. 장화(张华) · 장쯔펑(张志鹏)은 인터넷 시대 종교의 신형태에 관한 논문에서 불완전한 통계임을 전제하고 있긴 하지만, 중국 5대 종교(기독교, 불교, 도교, 이슬람교, 천주교) 관련 사이트가 2015년 현재 약 4,000여개 개설되어 있다고 밝혔다. 전문사이트가 아닌 QQ, 블로그, 마이크로 블로그, 위챗 퍼블릭 넘버, 위챗 그룹 및 컴퓨터와 스마트폰 애플리케이션 등을 이용한 종교전파 사례가 증가하고 있다. 중국정부의 입장에서는 인터넷 상에서 비합법조직들의 종교활동뿐 아니라, 온라인 환경과 종교극단주의자가 하나의 조합으로 결성되는 것 또한 매우 우려하지 않을 수 없다. 이에 인터넷을 이용해 발생할 수 있는 새로운 종교문제들을 관리할 조항이 필요해졌다.

수정조례 제47조, 제48조, 제68조는 인터넷종교정보서비스종사자의 자격요건, 정보서비스 제공내용, 위반 시의 행정제재를 명시하였다. 이는 종교사무국의 관리영역을 온라인으로까지 확대하여 종교활동을 통제하려는 중국 정부의 시도로 볼 수 있다. 온라인에서의 종교전파를 강력히 통제하려는 중국 정부의 시도가 얼마나 효과를 발휘할지는 미지수이다. 하지만, 종교정책에 있어 온라인영역 또한 치외법권이 아니며, 이들의 활동상황을 중국정부에서 주시하고 있다는 경고의 메시지를 전하는 데는 어느 정도 성공한 것으로 보이며, 향후 이와 관련한 규정은 더욱 강화될 것으로 예상된다.

□ 제69조

구조례 (2005)	수정조례 (2018)
제43조 종교활동장소가 허가 없이 설립되었거나, 등기가 취소되었거나 등기증서가 말소되었음에도 여전히 종교활동을 하거나, 허가 없이 종교학교를 설립하는 경우 종교사무부서가 이를 단속하고 위법소득을 몰수한다. 위법 가옥 및 구조물은 건설주관부서가 법에 의거하여 처리한다. 치안관리 위반행위를 하면 법에 의거하여 치안관리처벌을 받는다. 비종교단체, 비종교활동장소가 종교활동을 조직, 거행하고 종교성 헌금을 받으면, 종교사무부서가 활동정지를 명한다. 위법소득이 있으면 위법소득을 몰수하고, 사안이 엄중한 경우 위법소득의 1배 이상 3배 이하의 벌금에 처할 수 있다.	제69조 종교활동장소가 허가 없이 설립되었거나, 등기가 취소되었거나 등기증서가 말소되었음에도 여전히 종교활동을 하거나, 허가 없이 종교학교를 설립하는 경우 종교사무부서에서 유관부서와 협력해 금지명령을 내린다. 위법소득이나 비합법적으로 취득한 재물이 있으면 위법소득과 비합법적 재물을 몰수한다. 위법소득의 액수를 확정할 수 없다면 5만 위안 이하의 벌금에 처한다. 위법 가옥 및 구조물은 계획, 건설 등의 부서에서 법에 의거하여 처리한다. 치안관리 위반행위를 하면 법에 의거하여 치안관리처벌을 받는다. 비종교단체, 비종교학교, 비종교활동장소, 비지정임시활동지점이 종교활동을 조직, 거행하고 종교성 헌금을 받으면, 종교사무부서가 공안, 민정, 건설, 교육,

	문화, 여행, 문물 등의 유관 부서와 협력해 활동정지를 명한다. 위법소득이나 비합법적재물이 있으면 위법소득과 비합법적재물을 몰수하고, 이에 더해 위법소득의 1배 이상 3배 이하의 벌금에 처할 수 있다. 위법소득의 금액을 확정할 수 없는 경우 5만 위안 이하의 벌금에 처한다. 범죄가 성립하면 법에 의거하여 형사책임을 묻는다.

[내용]

본 조항은 구조례 제43조 내용의 일부를 수정보완한 것이다. 비종교활동장소, 비종교단체, 비종교학교, 비지정임시활동지점이 종교활동을 하는 경우 수반되는 행정제재에 관한 규정이다.

[평석]

구조례는 비종교활동장소가 종교활동을 할 경우 종교사무부서가 이를 단속하고 위법소득을 몰수한다고 명시하였으나, 실제 사례 적용 시 문제가 있었다. 왜냐하면 종교활동장소가 소재한 향급 이하의 단위에는 종교사무부서가 배치되어 있지 않기 때문이다. 따라서 기층의 종교문제를 현급 이상 종교사무부서에서 모두 관리하기에는 실질적인 어려움이 있었으며, 당연히 비종교활동장소에 대한 적절한 관리가 쉽지 않았다. 수정조례는 구조례의 문제점을 보완해, 비종교활동장소 등의 위법사항 적발 시, 종교사무부서가 향급이하 인민정부의 유관부서와 연대해 행정제재를 가할 수 있도록 하였다.

또한 본 조항은 벌금의 액수를 구체화하여 법률적 제재조치를 강화하였으며, 기본적으로 제70조, 제71조와 맥락을 같이 한다. 그리고, 관리처벌대상을 비종교단체, 비종교학교, 비종교활동장소, 비지정임시활동지점으로 범위를 확대한 점도 눈에 띈다.

□ 제70조

구조례 (2005)	수정조례 (2018)
제43조 허가 없이 신앙공민을 조직해 출국하여 순례를 가면 종교사무부서에서 활동정지를 명하고, 위법소득이 있으면 위법소득을 몰수하고, 위법소득의 1배 이상 3배 이하의 벌금에 처할 수 있다.	제70조 허가 없이 공민을 조직해 출국하여 종교적 성격의 연수, 회의, 순례 등의 활동에 참가하거나, 허가 없이 종교교육연수를 실시하면, 종교사무부서에서 유관부서와 협력해 활동정지를 명하고, 이에 더해 2만 위안 이상 20만 위안 이하의 벌금에 처할 수 있다. 위법소득이 있으면 위법소득을 몰수하고, 범죄가 성립하면 법에 의거하여 형사책임을 묻는다. 종교학교 이외의 학교나 기타 교육기관에서 선교하거나, 종교활동을 거행하거나, 종교조직을 구성하거나, 종교활동장소를 설립하면 심의비준기관 혹은 기타 유관부서에서 기한 내 시정을 명하고 경고한다. 위법소득이 있으면 위법소득을 몰수한다. 사안이 엄중한 경우 신입생 모집정지를 명하고, 학사허가를 말소한다. 범죄가 성립하면 법에 의거하여 형사책임을 묻는다.

[내용]

본 조항은 구조례 제43조 내용의 일부를 수정보완한 것이다. 국외종교활동 및 비종교학교의 종교활동에 대한 행정제재를 명시하였다.

[평석]

구조례가 미허가 국외순례만을 행정처벌 대상으로 명시했다면, 수정조례는 그 범위를 미허가 연수, 회의, 순례, 종교교육연수까지 확대하였다. 위법행위 시 벌금액수 또한 과거 위법소득의 1배~3배 이하로 모호하게 규정되어 있었다면, 수정조례에서는 위법소득에 상관없이 2만 위안~20만 위안 이하의 벌금에 처하는 것으로 구체화하였다. 이는 위법 종교활동장소에 재정적 압박을 가하는 방식으로 위법 종교활동장소를 통제하는 조항이 될 수 있다. 또한 학교나 기타 교육기관에서의 종교교육이나 선교활동을 금지하고, 위법사항 적발 시 구체적인 행정제재 조치를 명시하여, 인가된 종교학교에서만 종교교육을 시행하겠다는 정부의 의지를 강력히 표명하고 있다. 본 조항이 적용된다면, 향후 가정교회나 지하성당에서의 신학교육이나 성경공부모임도 위법행위에 해당한다.

□ 제71조

구조례 (2005)	수정조례 (2018)
	제71조 위법 종교활동에 조건을 제공하는 경우 종교사무부서에서 경고를 주고, 위법소득이나 비합법적 재물이 있으면 위법소득과 비합법적 재물을 몰수한다. 사안이 엄중한 경우 이에 더해 2만 위안 이상 20만 위안 이하의 벌금에 처한다. 위법 가옥, 구조물이 있으면 계획, 건설 등의 부서에서 법에 의거하여 처리한다. 치안관리위반행위를 하면 법에 의거하여 치안관리처벌에 처한다.

[내용]

본 조항은 전체 조문이 수정조례에서 추가된 것이다. 위법 종교활동의 주체 뿐 아니라, 그 활동에 직간접적인 도움을 주는 경우도 행정제재의 대상에 포함시켰다.

[평석]

본 조항은 비인가 종교시설인 가정교회나 지하성당을 겨냥한 제재 조치로 해석할 수 있다. 구조례는 가정교회가 예배장소를 임차할 경우에 대한 징벌 조항이 없었으나, 본 조항은 직접적으로 종교활동에 참여하지 않은 임대인에게도 법적 책임을 묻겠다는 의도를 담고 있다. 이는 현재 중국에서 기독교 인구가 급속한 성장세를 보이는 현실과 무관하지 않으며, 가정교회나 지하성당의 종교활동을 원천적으로 차단하려는 의도로 해석할 수 있다.

본 조항은 두 가지 문제점을 안고 있다. 첫째는 '위법 종교활동에 조건을 제공하는 경우'의 해석이 모호하다는 것이다. 과연 '조건을 제공하는 경우'의 범위를 어디까지 적용할 것인가는 해석하는 주체에 따라 달라질 수 있기에 실제 안건에 적용할 때 논란이 될 수 있다. 둘째는 공민의 소유권, 물권법 위반의 소지가 있다. 공민이 자신이 소유한 건물을 임대해 경제적 이익을 취하는 것에 대해 법적 제재를 시도하는 것은 물권법에서 보장하는 권익과 모순관계에 있으므로, 향후 문제점으로 지적될 수 있다.

□ 제72조

구조례 (2005)	수정조례 (2018)
제44조 본 조례규정을 위반하고 대형옥외종교조형물을 만들 경우 종교사무부서가 시공 정지 및 기한 내 철거를 명령한다. 위법 소득이 있으면 위법소득을 몰수한다.	제72조 본 조례규정을 위반하고 대형옥외종교조형물을 만들 경우 종교사무부서가 국토, 계획, 건설, 여행 등의 부서와 협력해 시공 정지 및 기한 내 철거를 명령한다. 위법소득이 있으면 위법소득을 몰수한다. 사안이 엄중한 경우 이에 더해 조형물 건설공사비용의 5%이상 10%이하의 벌금에 처한다.

	종교활동장소 혹은 대형옥외종교조형물에 투자하거나 위탁경영을 하는 경우, 종교사무부서에서 공상, 계획, 건설 등의 부서와 협력해 시정을 명하고, 위법소득을 몰수한다. 사안이 엄중한 경우 등기관리기관에서 해당 종교활동장소의 등기증서를 말소하고, 법에 의거하여 관련자의 책임을 묻는다.

[내용]

본 조항은 구조례 제44조의 내용을 수정보완한 것이다. 대형옥외종교조형물 조성관련 규정을 위반했을 경우의 행정조치를 명시하고 있다.

[평석]

2014년 중국 저장성(浙江省) 원저우(溫州)에 위치한 교회들이 예배장소나 십자가를 강제철거당하거나 철거 명령을 받았다. 철거 기간, 전국인민대표상무위원, 중국종교학회회장, 중국사회과학원 세계종교연구소소장 줘신핑(卓新平)은 원저우 기독교회 류시당(柳市堂)에서 거행된 기독교중국화 연토회에서 '최대한 중국문화의 부호에 융화되도록 노력해야지, 종교 문화발원지의 부호(십자가)를 두드러지게 드러내어서는 안 된다'고 지적했다. 수정조례는 제32조에서 '종교활동장소, 대형옥외종교조형물은 토지이용계획과 도시계획, 인프라 건설, 문물보호 등 관련 법률과 법규에 부합해야 한다'는 조항을 신설하고, 본 조항에서는 이를 위반할 경우의 행정조치를 명시하였다. 2018년부터는 종교사원의 대형옥외종교조형물 조성이 더 엄격히 통제되는 방향으로 진행될 것이며, 향후 행정관리부서의 권한 역시 강화될 것으로 예상된다.

□ 제73조

구조례 (2005)	수정조례 (2018)
제45조 종교교역자가 종교 교무활동 중 법률, 법규, 혹은 규장을 위반하면, 법에 의거하여 유관 법률적 책임을 묻고, 종교사무부서는 해당 종교단체에 그 종교교역자의 신분 취소를 건의한다.	제73조 종교교역자가 아래 중 하나에 해당하는 행위를 하면, 종교사무부서에서 경고를 주고, 위법소득과 비합법적 재물을 몰수한다. 사안이 엄중한 경우, 종교사무부서가 유관 종교단체, 종교학교, 종교활동장소의 교무활동을 임시 정지시키거나 종교교역자의 신분을 취소시킨다. 아울러 유관 종교단체, 종교학교 혹은 종교활동장소의 책임자의 책임을 묻는다. 치안관리 위반행위를 하면 법에 의거하여 치안관리처벌을 한다. 범죄가 성립하면 법에 의거하여 형사책임을 묻는다. (1) 종교극단주의를 선양, 지지, 자금지원하여 민족단결을 깨뜨리고, 국가를 분열시키며 테러활동 혹은 관련 활동에 참여하는 경우 (2) 국외세력의 지배를 받거나, 허가 없이 국외종교단체 혹은 기관에서 위임한 교직을 받거나, 그 외 종교의 독립 자주 자영 원칙을 위배한 경우 (3) 국가 유관규정을 위배하고 국내외 기부금을 받은 경우 (4) 비준을 받지 않고, 종교활동 밖에서 거행하는 종교활동을 조직하거나 주관한 경우 (5) 기타 법률, 법규, 규정을 위반한 경우

[내용]

본 조항은 구조례 제45조의 일부 내용을 수정보완한 것이다. 종교교역자가 유관 규정을 위반했을 경우의 행정조치를 명시하고 있다.

[평석]

전체적으로 보면 종교교역자에 대해 엄격한 행정관리통제와 형사책임을 묻는 방식으로 강화되었다. 구조례는 종교교역자가 종교 교역활동 중 법률, 법규, 혹은 규장을 위반하면, 법에 의거해 유관 법률적 책임을 묻고, 종교사무부서가 해당 종교단체에 그 종교교역자의 신분 취소를 '건의'하는 수준에 머물렀다. 이에 비해 수정조례는 종교사무부서가 종교교역자의 신분 취소를 '실행'할 수 있을 뿐 아니라 더 나아가 그 종교교역자가 소속한 종교단체, 종교학교 혹은 종교활동장소의 책임자에게 연대책임을 묻는 방식으로 강화되었다.

또한 종교교역자가 유관 규정을 위반했을 경우의 행정조치가 구조례에 비해 4가지 더 추가되었다. 본 조항의 (1)은 이슬람교를 겨냥한 것으로 보이고, (2)는 기독교, 특히 주교임명권을 둘러싸고 바티칸과 힘겨루기를 하고 있는 카톨릭을 겨냥한 것으로 보인다. (4)는 주로 가정교회, 지하성당 등 비인가종교활동장소의 종교교역자에게 타격을 주기 위한 것으로 보인다.

수정조례 제39조가 종교교역자의 보장에 관한 조항이라면, 본 조항은 그 대척점에 있는 조항이라 할 수 있다.

□ 제74조

구조례 (2005)	수정조례 (2018)
제45조 가짜 종교교역자가 종교활동을 진행하면 종교사무부서에서 활동정지를 명한다. 위법소득이 있으면 위법소득을 몰수한다. 치안관리 위반행위가 있으면 법에 의거하여 치안관리처벌을 내리며, 범죄가 성립하면 법에 의거하여 형사책	제74조 가짜 종교교역자가 종교활동을 진행하거나, 재물 등을 편취하는 위법활동을 하는 경우, 종교사무부서에서 활동정지를 명한다. 위법소득과 비합법적 재물이 있으면 위법소득과 비합법적 재물을 몰수하고, 이에 더해 1만 위안 이하의

임을 묻는다.	벌금에 처한다. 치안관리위반행위가 있으면 법에 의거하여 치안관리처벌을 내리며, 범죄가 성립하면 법에 의거하여 형사책임을 묻는다.

[내용]

본 조항은 구조례 제45조의 일부 내용을 수정보완한 것이다. 비등록 종교교역자의 종교활동 및 위법활동에 대한 행정조치를 명시하고 있다.

[평석]

본 조항에서의 '가짜 종교교역자'는 수정조례 제36조에 명시한 종교교역자 등록절차를 거치지 않은 자를 지칭한다. 따라서 기존의 가정교회, 지하성당, 비인가종교활동장소에서 활동하고 있는 종교교역자는 '가짜 종교교역자'의 범주에 속하고, 이들은 본 조항에 명시한 행정조치를 받게 된다. 가정교회, 지하성당 등의 헌금도 위법활동에 속하여 몰수된다.

□ 제75조

구조례 (2005)	수정조례 (2018)
제46조 종교사무부서의 행정처분에 불복하는 경우 법에 의거하여 행정재결을 청구할 수 있다. 행정재결의 결정에 불복하는 경우 법에 의거하여 행정소송을 제기할 수 있다.	제75조 (구조례와 동일)

[내용]

본 조항은 구조례 제46조의 내용과 동일하다. 종교사무부서가 행정처분한 구체적 사건에 대한 항소절차를 명시한 것이다.

[평석]

종교단체, 종교학교, 종교활동장소가 종교사무부서의 행정처분에 불복할 경우, 법에 의거하여 행정재결을 청구할 수 있다. 행정재결 신청은 행정처분을 내린 종교사무부서보다 상급 주관부서에 신청한다. 먼저 행정재결 청구인이 행정재결기관에 행정재결을 신청하면, 행정재결기관이 재결에 대한 결정을 내리는데, 대체적으로 신청, 수리, 심리, 결정의 4단계를 거친다. 만일 행정재결기관의 결정에 불복할 경우, 법에 의거하여 인민법원에 사법보호를 요청할 수 있다. 이미 내려진 행정조치에 대해 행정재결의 청구가 가능해졌다는 것은 종교활동과 종교권익에 대한 보장조치가 강화되었다는 뜻이 된다.

제9장 부칙 (제76조~제77조)

제9장 부칙은 전체 2개 조항으로 구성되어 있다.

□ 제76조

구조례 (2005)	수정조례 (2018)
제47조 중국본토에서 홍콩특별행정구, 마카오특별행정구, 대만지역과 종교교류를 할 경우, 법률, 행정법규, 국가 유관규정에 의거하여 처리한다.	제76조 (구조례와 동일)

[내용]

본 조항은 구조례 제47조의 내용과 동일하다. 홍콩, 마카오, 대만과 종교교류를 할 경우, 중국의 유관규정의 적용을 받음을 명시하고 있다.

[평석]

중국의 행정구획은 4개의 직할시, 23개의 성(대만 포함), 5개의 소수민족자치구, 2개의 특별행정구(홍콩, 마카오)로 이루어져 있다. 1982년 덩샤오핑(邓小平)은 영국총리와 홍콩의 주권반환을 논의하면서 일국양제(一国两制)를 제시하였는데, 이는 하나의 국가 안에 두 개의 체제를 인정하는 독특한 통치방식으로, 중국 내 자본주의 체제와 사회주의 체제의 공존을 의미한다. 일국양제의 원칙에 따라, 중국은 홍콩(1997년 귀속), 마카오(1999년 귀속)의 독자적인 행정권, 입법권, 사법권을 인정하고 있고, 대만에 대해서도 일국양제의 통일원칙을 내세우고 있다. 따라서 홍콩, 마카오, 대만의 종교단체, 종교학교, 종교활동장소는 종교사무조례의 적용범위에 속하지 않는다. 하지만, 중국본토의 종교단체, 종교학교, 종교활동장소는 홍콩, 마카오, 대만과 종교교류를 할 경우, 중국 본토의 유관규정의 적용을 받아야 한다는 점을 분명히 하였다.

특히 여타 외국의 종교세력에 비해 강한 침투력을 갖는 이들 지역과의 종교교류는 특별한 통제의 대상이 된다. 따라서 이를 처리하는 기준을 법률, 행정법규 및 유관규정으로 범위를 넓힘으로 그 행정관리의 유연성을 확보하고자 하고 있다.

□ 제77조

구조례 (2005)	수정조례 (2018)
제48조 본 조례는 2005년 3월 1일부터 시행한다. 1994년 1월 31일 국무원이 발표한 「종교활동장소관리조례」는 이 조례의 시행과 동시에 폐지한다.	제77조 본 조례는 2018년 2월 1일부터 시행한다.

[내용]

본 조항은 수정 「종교사무조례」의 시행일을 명시한 것이다.

[평석]

「종교사무조례」는 2004년 7월 7일 국무원 제57차 상무회의에서 통과되어, 2005년 3월 1일부터 시행(이하 구조례)되었다. 구조례가 시행되는 12년 동안 중국 내 종교지형은 많은 변화가 있었다. 종교인구의 증가, 종교인 구성의 변화, 종교간 균형의 변화, 종교와 관련된 외국과의 관계 변화, 종교로 인한 모순의 다변화, 종교 전파매체의 다양화 등 새로운 상황의 변화가 있었다. 하지만 시간이 지나면서 구조례에 반영되지 못한 현실적 문제를 중심으로 종교계 불만의 목소리가 불거졌고, 중국 정부 또한 빠르게 변화하는 사회에서 새롭게 대두되는 문제들을 처리하기 위해서는 구조례를 수정, 보완할 필요가 있음을 인지하였다.

이에 2016년 4월 22일, 23일 양일간 개최된 전국종교업무회의에서 시진핑은 종교업무가 당면하고 있는 새로운 상황과 새로운 문제를 연구하여, 종교업무수준을 전면적으로 제고시킬 것을 요구하기에 이르렀다. 그 해 6월 국가종교국은 「종교사무조례(수정초안)」를 기안하여 국무원에 발송하였고, 관련부서, 각 성급 인민정부, 종교단체, 학계의 의견을 청취하는 등의 방식으로 관련 내용을 다듬었다. 그 결과 2017년 8월 26일 국무원령으로 수정본 「종교사무조례」가 발표되었고, 2018년 2월 1일부터 시행될 예정이다.

종교사무조례 신 · 구 대비표

종교사무조례 신、구 대비표

- 시행일자 : 2018. 2. 1. -

구조례 (2005)	수정조례 (2018)	개정 내용
	제1장 총칙	
제1조 공민의 종교신앙의 자유를 보장하고, 종교의 화목과 사회의 조화를 유지하며, 종교사무의 관리를 규범화하기 위해 헌법과 유관법률에 의거하여 본 조례를 제정한다.	제1조 공민의 종교신앙의 자유를 보장하고, 종교의 화목과 사회의 조화를 유지하며, 종교사무의 관리를 규범화하고, 종교업무의 법치화 수준을 높이기 위해 헌법과 유관법률에 의거하여 본 조례를 제정한다.	밑줄부분 추가
제2조 공민은 종교신앙의 자유를 가진다. 어떠한 조직이나 개인도 공민에게 종교를 신앙하거나 신앙하지 못하도록 강제해서는 안 되며, 종교를 신앙하는 공민(이하 신앙인)이나 종교를 신앙하지 않는 공민(이하 비신앙인)을 차별해서는 안 된다. 신앙인과 비신앙인, 그리고 서로 다른 종교를 신앙하는 공민들은 상호 존중하며 화목하게 공존해야 한다.	제2조 (구조례와 동일)	동일
	제3조 종교사무관리는 합법보장, 불법저지, 극단억제, 침투방어, 범죄처벌의 원칙을 견지한다.	신설
제3조 국가는 법에 의거하여 정상적 종교활동을 보호하며, 종교단	제4조 국가는 법에 의거하여 정상적 종교활동을 보호하며, 종교가 사회	밑줄부분 추가

구조례 (2005)	수정조례 (2018)	개정 내용
체와 종교활동장소 및 신앙인의 합법적 권익을 보호한다. 종교단체와 종교활동장소 및 신앙인은 헌법과 법률, 법규와 규정을 준수해야 하며, 국가의 통일, 민족의 단결, 사회안정에 힘써야 한다. 어떠한 조직이나 개인도 종교를 이용하여 사회질서를 파괴하거나, 공민의 신체건강을 해치거나, 국가의 교육제도를 방해하는 행위를 해서는 안 된다. 나아가 그 밖에 국가 이익과 사회의 공공이익 및 공민의 합법적 권익에 손해를 끼치는 활동을 해서는 안 된다.	주의사회에 적응하도록 적극적으로 인도한다. 종교단체와 종교학교, 종교활동장소와 신앙인의 합법적 권익을 보호한다. 종교단체와 종교학교, 종교활동장소 및 신앙인은 헌법과 법률, 법규와 규정을 준수해야 하며, 사회주의 핵심가치관을 실천해야 한다. 국가통일, 민족단결, 종교화해, 사회안정에 힘써야 한다. 어떠한 조직이나 개인도 종교를 이용하여 국가안전에 위해를 끼치거나, 사회질서를 파괴하거나, 공민의 신체건강을 해치거나, 국가의 교육제도를 방해하는 행위를 해서는 안 된다. 나아가 그 밖에 국가 이익과 사회의 공공이익 및 공민의 합법적 권익에 손해를 끼치는 위법활동을 해서는 안 된다. 어떠한 조직이나 개인도 서로 다른 종교간이나 동일 종교 내부, 나아가 신앙인과 비신앙인 사이에 갈등과 충돌을 일으켜서는 안 된다. 종교극단주의를 선양하거나 지지하거나 지원해서는 안 된다. 종교를 이용하여 민족단결을 파괴하거나 국가를 분열시키거나 테러행위를 해서는 안 된다.	
제4조 각 종교는 독립, 자주, 자영의 원칙을 견지해야 한다. 종교	제5조 각 종교는 독립, 자주, 자영의 원칙을 견지해야 한다. 종교단	밑줄부분 추가

구조례 (2005)	수정조례 (2018)	개정 내용
단체나 종교활동장소 및 종교사무는 외국세력의 지배를 받지 않는다. 종교단체, 종교활동장소, 종교교역자는 우호, 평등의 기초 위에서 대외교류를 진행한다. 그 밖의 조직이나 개인은 외부와의 경제, 문화 등의 협력사업이나 교류활동 과정 중에 부가적 종교 조건을 받아서는 안 된다.	체나 종교학교, 종교활동장소 및 종교사무는 외국세력의 지배를 받지 않는다. 종교단체, 종교학교, 종교활동장소, 종교교역자는 상호존중, 평등, 우호의 기초 위에서 대외교류를 진행한다. 그 밖의 조직이나 개인은 외부와의 경제, 문화 등의 협력사업이나 교류활동 과정 중에 종교 조건을 부가적으로 받아서는 안 된다.	
제5조 현급 이상 인민정부의 종교사무부서는 법에 의거하여 국가이익과 사회의 공공이익에 관계되는 종교사무에 대해 행정관리를 수행해야 한다. 현급 이상 인민정부의 기타 유관부서는 각자 그 직책의 범위 내에서 법에 따라 관련 행정관리업무를 책임진다. 각급 인민정부는 종교단체, 종교활동장소 및 신앙인의 의견을 청취하여 종교사무의 관리업무에 협조해야 한다.	제6조 각급 인민정부는 종교업무를 강화하여 건전한 종교업무시스템을 구축하여야 하며, 업무인력이나 업무에 필요한 조건을 갖추어야 한다. 현급 이상 인민정부의 종교사무부서는 법에 의거하여 국가이익과 사회의 공공이익에 관계되는 종교사무에 대해 행정관리를 수행해야 한다. 현급 이상 인민정부의 기타 유관부서는 각자 그 직책의 범위 내에서 법에 의거하여 관련 행정관리업무를 책임진다. 향급 인민정부에서는 해당 행정구역의 종교사무 관리업무를 수행해야 한다. 촌민위원회와 주민위원회는 법에 의거하여 인민정부의 종교관리사무에 협조해야 한다. 각급 인민정부는 종교단체, 종교학교, 종교활동장소 및 신앙인의 의견을 청취하여 종교사	밑줄부분 추가

구조례 (2005)	수정조례 (2018)	개정 내용
	무의 관리업무에 협조해야 하며, 종교단체, 종교학교, 종교활동장소에 필요한 공공 서비스를 제공해야 한다.	
	제2장 종교단체	
제6조 종교단체의 구성과 변경 및 취소는 「국가사회단체관리조례」의 규정에 따라 등기한다. 종교단체의 회칙은 「국가사회단체관리조례」에 부합되어야 한다. 종교단체는 회칙에 따라 활동해야 하며 법률의 보호를 받아야 한다.	제7조 종교단체의 구성과 변경 및 취소는 국가사회단체관리의 유관규정에 따라 등기한다. 종교단체의 회칙은 국가사회단체관리의 유관규정에 부합되어야 한다. 종교단체는 회칙에 따라 활동해야 하며 법률의 보호를 받는다.	구조례의 밑줄부분을 신조례의 밑줄부분으로 수정
	제8조 종교단체는 아래와 같은 기능을 갖는다. (1) 인민정부의 법률, 법규, 규정 및 정책의 일관된 실천에 협조하며, 신앙인의 합법적 권익을 보호한다. (2) 종교의 교무를 지도하며 규정과 제도를 제정하고 이를 실천하도록 감독한다. (3) 종교문화 연구에 종사하고, 종교 교의와 계율을 해석하며, 종교사상을 수립한다. (4) 종교교육과 훈련을 실시하고, 종교교역자를 양성하며, 종교교역자를 승인, 관리한다. (5) 법률, 법규, 규정 및 종교단체 회칙에 규정된 그 밖의 직능을 갖는다.	신설

구조례 (2005)	수정조례 (2018)	개정 내용
제10조 전국적 종교단체는 해당 종교의 필요에 근거하여 규정에 따라 종교 유학생을 파견하거나 받을 수 있다.	제9조 전국적 종교단체 및 성 · 자치구 · 직할시의 종교단체는 해당 종교의 필요에 근거하여 규정에 따라 종교 유학생을 파견하거나 받을 수 있다. 그 밖의 어떠한 조직이나 개인도 종교 유학생을 파견하거나 받을 수 없다.	밑줄부분 추가
	제10조 종교학교와 종교활동장소 및 종교교역자는 종교단체가 지정한 규정과 제도를 준수하여야 한다.	신설
	제3장 종교학교	장 신설
	제11조 종교학교는 전국적 종교단체 및 성, 자치구, 직할지의 종교단체가 설립한다. 그 밖의 어떠한 조직이나 개인도 종교학교를 설립할 수 없다.	신설
제8조 종교학교를 설립하려면 전국적 종교단체에서 국무원 종교사무부서에 신청서를 제출하거나, 성, 자치구, 직할시 종교단체에서 설립하고자 하는 종교학교 소재지의 성, 자치구, 직할시의 인민정부 종교사무부서에 신청서를 제출하여야 한다. 성, 자치구, 직할시 인민정부의 종교사무부서에서는 신청서를 받은 날로부터 30일 이내에 결정하여 국무원 종교	제12조 종교학교를 설립하려면 전국적 종교단체에서 국무원 종교사무부서에 신청서를 제출하거나, 성, 자치구, 직할시 종교단체에서 설립하고자 하는 종교학교 소재지의 성, 자치구, 직할시의 인민정부 종교사무부서에 신청서를 제출하여야 한다. 성, 자치구, 직할시 인민정부의 종교사무부서는 신청서를 받은 날로부터 30일 이내에 의견을 제시하여 국무원 종교	구조례의 밑줄부분을 수정조례의 밑줄부분으로 수정

구조례 (2005)	수정조례 (2018)	개정 내용
사무 부서에 심의비준을 신청해야 한다. 국무원 종교사무부서는 전국적 종교단체의 신청이나 성, 자치구, 직할시 인민정부 종교사무 부서에서 종교학교를 설립하겠다는 보고를 받은 날로부터 60일 이내에 그에 대한 비준 여부를 결정하여야 한다.	사무부서에 심의비준을 신청해야 한다. 국무원 종교사무부서는 전국적 종교단체의 신청이나 성, 자치구, 직할시 인민정부 종교사무부서에서 보고된 자료를 받은 날로부터 60일 이내에 그에 대한 비준 여부를 결정하여야 한다.	
第9조 종교학교의 설립은 아래의 조건을 구비하여야 한다. (1) 명확한 양성목표와 학사규정 및 교과과정의 설치계획이 있어야 한다. (2) 양성조건에 부합되는 학생자원이 있어야 한다. (3) 필요한 학사운영 자금과 안정된 경비의 출처가 있어야 한다. (4) 교육의 임무와 학사규모에 필요한 교육장소와 시설설비가 있어야 한다. (5) 학교를 전담하는 책임자와 자격을 갖춘 전임교사 및 내부 관리조직이 있어야 한다. (6) 배치가 합리적이라야 한다.	第13조 (구조례와 동일)	동일
	第14조 비준을 거쳐 설립된 종교학교는 유관 규정에 따라 법인등기를 신청할 수 있다.	신설

구조례 (2005)	수정조례 (2018)	개정 내용
	제15조 종교학교가 학교부지, 교명, 소속관계, 양성목표, 학제, 학사규모 등을 변경하거나 합병, 분교개설, 폐교하려면 본 조례 제12조에 규정된 절차에 따라 처리한다.	신설
	제16조 종교학교는 특정의 교사자격검정과 직위평정, 초빙 및 학생학위수여 제도를 실시하며, 구체적인 방법은 국무원 종교사무부서에서 별도로 제정한다.	신설
	제17조 종교학교에서 외국국적의 전문인력을 초빙하려면 국무원 종교사무부서의 동의를 받은 후, 소재지 외국인업무관리부서에서 관련 수속을 받아야 한다.	신설
	제18조 종교단체와 사찰, 도관, 이슬람사원, 교회에서 종교교역자를 양성하거나, 학습기간이 3개월 이상 걸리는 종교교육훈련을 실시하려면 소재지 시급 이상 지방인민정부 종교사무부서의 심의 비준을 요청하여야 한다.	신설
	제4장 종교활동장소	
	제19조 종교활동장소는 사찰, 도관, 이슬람사원, 교회 및 기타 고정된 종교활동장소를 포함한다. 사찰, 도관, 이슬람사원, 교회	신설

구조례 (2005)	수정조례 (2018)	개정 내용
	및 기타 고정된 종교활동장소의 구분기준은 성, 자치구, 직할시 인민정부 종교사무부서에서 제정하고, 국무원 종교사무부서에 상신한다.	
제14조 종교활동장소의 설립은 아래의 조건을 구비하여야 한다. (1) 설립취지는 본 조례 제3조, 제4조의 규정을 위배하지 않는다. (2) 해당지역 신앙인의 정기적인 집체종교활동 요구가 있다. (3) 종교활동을 주재하는 교역자나 해당종교의 규정에 부합하는 그 밖의 인원이 있다. (4) 소요자금이 있다. (5) 합리적으로 배치하고, 주변 기관과 주민의 정상적인 생산활동 및 생활을 방해하지 않는다.	제20조 종교활동장소의 설립은 아래의 조건을 구비하여야 한다. (1) 설립취지는 본 조례 제4조, 제5조의 규정을 위배하지 않는다. (2) 해당지역 신앙인의 정기적인 집체종교활동 요구가 있다. (3) 종교활동을 주재하는 교역자나 해당종교의 규정에 부합하는 그 밖의 인원이 있다. (4) 소요자금이 있고, <u>자금의 출처와 경로가 합법적이다.</u> (5) 합리적으로 배치하고, <u>도시계획의 요구에 부합하며,</u> 주변 기관과 주민의 정상적인 생산활동 및 생활을 방해하지 않는다.	밑줄부분 추가
제13조 종교활동장소를 설립하려면 종교단체가 설립 예정인 종교활동장소의 소재지의 현급 인민정부 종교사무부서에 신청서를 제출한다. 현급 인민정부 종교사무부서는 신청서를 받은 날로부터 30일 이내에 <u>동의하면</u>, 설립지역의 시급 인민정부 종교사무부서에 보고한다. 설립지역의 시급 인민정부 종	제21조 종교활동장소를 설립하려면 종교단체가 설립 예정인 종교활동장소 소재지의 현급 인민정부 종교사무부서에 신청서를 제출한다. 현급 인민정부 종교사무부서는 신청서를 받은 날로부터 30일 이내에 <u>심의의견을 제시하여</u>, 설립지역의 시급 인민정부 종교사무부서에 보고한다. 설립지역의 시급 인민정부 종	구조례의 밑줄부분을 수정조례의 밑줄부분으로 수정 및 추가

구조례 (2005)	수정조례 (2018)	개정 내용
교사무부서는 현급 인민정부 종교사무부서에서 송달한 자료를 받은 날로부터 30일 이내, 사찰, 도관, 이슬람사원, 교회의 설립에 동의하면 심의 의견서을 제출하여, 성, 자치구, 직할시 인민정부 종교사무부서에 심의비준을 요청한다. 기타 고정된 종교활동장소의 설립신청 비준여부를 결정한다. 성, 자치구, 직할시의 인민정부 종교사무부서는 설립 지역의 시급 인민정부 종교사무부서가 자료를 송달된 자료를 받은 날로부터 30일 이내 비준 여부를 결정해야 한다. 종교단체가 종교활동장소 설립신청 비준을 얻은 이후라야 해당 종교활동장소의 건립계획을 추진할 수 있다.	교사무부서는 현급 인민정부 종교사무부서에서 송달한 자료를 받은 날로부터 30일 이내에 기타 고정 종교활동장소의 설립신청에 대한 비준 여부를 결정한다. 사찰, 도관, 이슬람사원, 교회의 설립신청에 대해서는 심의의견서를 제시하여 성, 자치구, 직할시 인민정부 종교사무부서에 심의비준을 요청한다. 성, 자치구, 직할시 인민정부 종교사무부서는 설립 지역의 시급 인민정부 종교사무부서가 송달한 자료를 받은 날로부터 30일 이내에 비준 여부를 결정해야 한다. 종교활동장소 설립신청의 비준을 얻은 이후라야 해당 종교활동장소의 건립계획을 추진할 수 있다.	
제15조 종교활동장소는 비준과 조성계획을 거쳐 건설이 완공되면 소재지 현급 인민정부 종교사무부서에 등기를 신청해야 한다. 현급 인민정부 종교사무부서는 반드시 신청을 받은 날로부터 30일 이내에 그 종교활동장소의 관리조직, 규정, 제도, 건설 등의 상황에 대해 심사를 진행하여 조건에 부합하면 등기를 부여하고,「종교활동장소등기증」을 발급한다.	제22조 (구조례와 동일)	동일

구조례 (2005)	수정조례 (2018)	개정 내용
	第23조 종교활동장소가 법인조건에 부합하면 소재지 종교단체의 동의를 거쳐 현급 인민정부 종교사무부서의 심사와 동의를 받은 후, 민정부서에서 법인등기를 수속할 수 있다.	신설
第16조 종교활동장소가 병합, 분리, 폐지 혹은 등기내용을 변경하려면, 원래의 등기관리기관에서 상응하는 변경수속을 밟아야 한다.	第24조 종교활동장소가 등기내용을 폐지하거나 변경하려면, 원래의 등기관리기관에서 상응하는 등기의 말소나 변경수속을 밟아야 한다.	구조례의 밑줄부분 삭제 수정조례의 밑줄부분 추가
第17조 종교활동장소는 관리조직을 설치하여 민주적으로 관리해야 한다. 종교활동장소의 관리조직 구성원은 민주적 협의를 거쳐 선출하며, 소재지 등기관리기관에 상신해야 한다.	第25조 (구조례와 동일)	동일
第18조 종교활동장소는 내부관리를 강화하고, 유관 법률, 법규, 규정의 정한 바에 의거해 인원, 재무, 회계, 치안, 소방, 문물보호, 위생방역 등의 건전한 관리제도를 수립하며, 소재지 인민정부 유관부서의 지도, 감독, 점검을 받아야한다.	第26조 종교활동장소는 내부관리를 강화하고, 유관 법률, 법규, 규정에서 정한 바에 의거해 인원, 재무, 자산, 회계, 치안, 소방, 문물보호, 위생방역 등의 건전한 관리제도를 수립하며, 소재지 인민정부 유관부서의 지도, 감독, 점검을 받아야한다.	밑줄부분 추가
第19조 종교사무부서는 종교활동장소의 법률, 법규, 규정 준수상황, 장소관리제도의 수립 및	第27조 (구조례와 동일)	동일

구조례 (2005)	수정조례 (2018)	개정 내용
집행상황, 등기 항목 변경상황 및 종교활동과 대외활동 상황에 대하여 감독과 검사를 진행하여야 한다. 종교활동장소는 종교사무부서의 감독과 검사를 받아야 한다.		
제21조 종교활동장소 내에서는 종교용품, 종교예술품과 종교출판물을 판매할 수 있다. 등기를 거친 종교활동장소의 사원, 도관, 이슬람사원, 교회는 국가의 유관규정에 의거하여 종교내부 자료 성격의 출판물을 편집인쇄할 수 있다.	제28조 종교활동장소 내에서는 종교용품, 종교예술품과 종교출판물을 판매할 수 있다.	구조례 제21조의 밑줄부분이 수정조례 제45조에 편입
제23조 종교활동 장소는 해당 장소 내에서 발생하는 중대한 사고나 종교적 금기를 위반하는 등 신앙인의 종교적 감정을 해치고 민족단결을 파괴하고, 사회적 안녕에 영향을 미치는 사건을 예방하여야 한다. 위에서 열거한 사고나 사건이 발생하면 종교활동장소는 즉시 소재지 현급 인민정부 종교사무부서에 보고해야 한다.	제29조 (구조례와 동일)	동일
제24조 종교단체나 사찰, 도관, 이슬람사원, 교회가 대형옥외종교조형물을 종교활동장소 외에 조성하려면 성, 자치구, 직할시 종교단체가 성, 자치구, 직할시, 인민정부 종교사무부서	제30조 종교단체나 사찰, 도관, 이슬람 사원, 교회가 대형옥외종교조형물을 사찰, 도관, 이슬람 사원, 교회 내에 조성하려면 성, 자치구, 직할시 종교단체가 성, 자치구, 직할시, 인민정부 종교	구조례의 밑줄부분을 수정조례의 밑줄부분으로 수정 및 추가

구조례 (2005)	수정조례 (2018)	개정 내용
에 신청서를 제출해야 한다. 성, 자치구, 직할시, 인민정부 종교사무부서는 신청을 받은 날로부터 30일 이내에 의견서를 작성하여 국무원 종교사무부서에 심의비준을 신청해야 한다. 국무원 종교사무부서는 대형옥외종교조형물 조성에 대한 보고를 받은 날로부터 60일 이내에 비준 여부를 결정해야 한다. 종교단체나 사찰, 도관, 이슬람사원, 교회 이외의 조직이나 개인은 대형옥외종교조형물을 조성할 수 없다.	사무부서에 신청서를 제출해야 한다. 성, 자치구, 직할시, 인민정부 종교사무부서는 신청을 받은 날로부터 30일 이내에 의견을 제시하여 국무원 종교사무부서에 심의비준을 요청해야 한다. 국무원 종교사무부서는 대형옥외종교조형물 조성에 대한 보고를 받은 날로부터 60일 이내에 비준 여부를 결정해야 한다. 종교단체나 사찰, 도관, 이슬람사원, 교회 이외의 조직이나 개인은 대형옥외종교조형물을 조성할 수 없다. 사찰, 도관, 이슬람사원, 교회의 밖에 대형옥외종교조형물 조성을 금지한다.	
	제4장 종교활동장소	
第25조 유관기관과 개인이 종교활동장소 내에서 건축물 개축 및 신축, 상업시설의 설치, 진열전시, 영화 및 드라마의 촬영을 하려면 사전에 해당 종교활동장소와 소재지의 현급 이상 지방인민정부 종교사무부서의 동의를 얻어야 한다.	第31조 유관기관과 개인이 종교활동장소 내에서 상업시설의 설치, 진열전시, 영화 및 드라마의 촬영, 그 밖의 활동을 전개하려면 사전에 해당 종교활동장소의 동의를 얻어야 한다.	구조례의 밑줄부분을 수정조례의 밑줄부분으로 수정 및 추가 *구조례 제25조가 수정조례 제31조, 제33조로 분리되어 구체화됨
	第32조 지방 각급 인민정부는 실제수요에 근거해 종교활동장소 건	

구조례 (2005)	수정조례 (2018)	개정 내용
	설을 토지이용계획과 도시계획에 포함시켜야 한다. 종교활동장소, 대형옥외종교조형물은 토지이용계획과 도시계획, 인프라 건설, 문물보호 등 관련 법률과 법규에 부합해야 한다.	신설
제25조 유관기관과 개인이 종교활동장소 내의 건축물 개축 및 신축, 상업시설의 설치, 진열전시, 영화 및 드라마의 촬영을 하려면 사전에 해당 종교활동장소와 소재지 현급 이상 지방인민정부 종교사무부서의 동의를 얻어야 한다.	제33조 종교활동장소 내의 건축물 개축 및 신축은 소재지 현급 이상 지방인민정부 종교사무부서의 비준을 거친 후 법에 의거하여 기획 및 건설 등의 수속을 밟는다. 종교활동장소를 증축하거나 장소를 변경해 재건하려면 본 조례 제21조에 규정된 절차에 따라 처리해야 한다.	구조례의 밑줄부분을 수정조례의 밑줄부분으로 수정 및 추가 *구조례 제25조가 수정조례 제31조, 제33조로 분리되어 구체화됨
제26조 종교활동장소를 주요관광내용으로 삼는 관광지에서는 소재지의 현급 이상 지방인민정부가 종교활동장소와 정원 · 문물 · 여행 등의 이익관계를 조화롭게 처리해야 하며 종교활동장소의 합법적 권익을 지켜야 한다. 종교활동장소를 주요관광내용으로 삼는 관광지에서의 건설계획은 종교활동장소의 풍격 및 환경과 서로 조화를 이루어야 한다.	제34조 관광지 내 종교활동장소가 있는 경우 소재지의 현급 이상 지방인민정부가 종교활동장소와 관광지관리조직 및 정원 · 임업 · 문물 · 여행 등의 이익관계를 조화롭게 처리해야 하며 종교활동장소 · 종교교역자 · 신앙인의 합법적 권익을 지키고, 정상적인 종교활동을 보호해야 한다. 종교활동장소를 주요관광내용으로 삼는 관광지에서의 건설계획은 종교활동장소의 풍격 및 환경과 서로 조화를 이루어야 한다.	구조례의 밑줄부분을 수정조례의 밑줄부분으로 수정 및 추가

구조례 (2005)	수정조례 (2018)	개정 내용
	제35조 신앙인의 정기적인 집체종교활동에 대한 요구가 있으나 종교장소 설립 신청조건을 갖추지 못한 경우, 신앙인대표가 현급 인민정부 종교사무부서에 신청서를 제출하고, 현급 인민정부 종교사무부서는 소재지 종교단체와 향급 인민정부의 의견을 구한 후 임시활동지점을 지정할 수 있다. 현급 인민정부 종교사무부서의 지도하에 소재지의 향급 인민정부는 임시활동지점의 활동을 관리 감독한다. 종교활동장소 설립조건을 갖춘 후, 종교활동장소 설립 및 등기 수속을 밟는다. 임시활동지점의 종교활동은 본 조례의 관련규정에 부합해야 한다.	신설
	제5장 종교교역자	
제27조 종교교역자는 종교단체의 인가를 거쳐 현급이상 인민정부 종교사무부서에 상신해야 종교교역활동에 종사할 수 있다. 티베트불교 활불승계는 불교단체의 지도하에 종교의궤와 역사정례에 따라 처리하고, <u>해당 지역 시급 이상 인민정부 종교사무부서나 해당 지역 시급 이상 인민정부에</u> 비준을 요청한다. 천주교의 주교는 천주교 전국적 종교단체가 국무원 종교사무부서에 상신한다.	제36조 종교교역자는 종교단체의 인가를 거쳐 현급 이상 인민정부 종교사무부서에 상신해야 종교교역활동에 종사할 수 있다. 티베트불교 활불승계는 불교단체의 지도하에 종교의궤와 역사정례에 따라 처리하고, <u>성급 이상 인민정부 종교사무부서나 성급 이상 인민정부에</u> 비준을 요청한다. 천주교의 주교는 천주교의 전국적 종교단체가 국무원 종교사무부서에 상신한다.	구조례의 밑줄 친 부분을 수정조례의 밑줄 부분으로 수정 및 추가

구조례 (2005)	수정조례 (2018)	개정 내용
	종교교역자 자격을 미취득했거나 상실한 자는 종교교역자 신분으로 활동할 수 없다.	
第28조 종교교역자가 종교활동장소의 주요직책에 취임하거나 이임할 시 해당 종교단체의 동의를 거쳐 현급 이상 인민정부 종교사무부서에 상신한다.	第37조 (구조례와 동일)	동일
第29조 종교교역자의 종교활동 주관, 종교의식 거행, 종교전적 정리, 종교문화 연구는 법률의 보호를 받는다.	第38조 종교교역자의 종교활동 주관, 종교의식 거행, 종교전적 정리, 종교문화 연구, 공익자선활동은 법률의 보호를 받는다.	밑줄부분추가
	第39조 종교교역자는 법에 의거하여 사회보장제도에 가입하고 관련 권리를 누린다. 종교단체, 종교학교, 종교활동장소는 규정에 따라 종교교역자를 위해 사회보험 등기를 처리해야 한다.	신설
	제6장 종교활동	장 신설
第12조 신앙인의 집체종교활동은 일반적으로 등기를 올린 종교활동장소(사원, 도관, 청진사, 교당 및 기타 고정된 종교활동 처소) 안에서 거행해야 하고, 종교활동장소나 종교단체에 의해 조직되어야 하며, 종교교역자나 해당 종교규정에 부합하는 구성원이 주관하되, 교리와 의범에 따라 진행해야 한다.	第40조 신앙인의 집체종교활동은 일반적으로 종교활동장소 내에서 거행해야 하고, 종교활동장소, 종교단체 혹은 종교학교에 의해 조직되어야 하며, 종교교역자나 해당 종교규정에 부합하는 구성원이 주관하되, 교리와 의범에 따라 진행해야 한다.	구조례의 밑줄 부분을 수정조례의 밑줄부분으로 수정 및 추가

구조례 (2005)	수정조례 (2018)	개정 내용
제20조 종교활동장소는 종교적 관례에 따라 공민의 기부를 받을 수 있으나 강요하거나 분담 지우면 안 된다. 비종교단체, 비종교활동장소에서는 종교활동을 조직하거나 거행해서는 안 되며, 종교적 기부금을 받아서도 안 된다.	제41조 비종교단체, 비종교학교, 비종교활동장소, 비지정임시활동지점에서는 종교활동을 조직하거나 거행해서는 안 되며, 종교성 기부금을 받아서도 안 된다. 비종교단체, 비종교학교, 비종교활동장소는 종교교육 및 훈련을 해서는 안 되며, 공민을 조직해 해외에 나가서 종교적 성격의 교육, 회의, 활동 등에 참가해서는 안 된다.	밑줄부분 추가 *구조례의 밑줄부분을 수정조례의 제57조로 이동
제22조 성, 자치구, 직할시의 범위를 넘어 종교활동장소의 수용규모를 초과하는 대형종교활동이나 종교활동장소 밖의 대형종교활동을 거행하려면 주최하는 종교단체, 사찰, 도관, 이슬람사원, 교회는 개최예정 30일 전에 대형종교활동 개최지의 성, 자치구, 직할시 인민정부 종교사무부서에 신청서를 제출해야 한다. 성, 자치구, 직할시 인민정부 종교사무부서는 수리일로부터 15일 이내에 비준여부를 결정한다. 대형종교활동은 비준통지서에 명시된 요구에 의거하여 종교의궤에 따라 진행해야 하며 본 조례 제3조, 제4조의 유관규정을 위반해서는 안 된다. 주최하는 종교단체, 사찰, 도관, 이슬람사원, 교회는 의	제42조 성, 자치구, 직할시의 범위를 넘어 종교활동장소의 수용규모를 초과하는 대형종교활동이나 종교활동장소 밖의 대형종교활동을 거행하려면 주최하는 종교단체, 사찰, 도관, 이슬람사원, 교회는 개최예정 30일 전에 대형종교활동 개최지의 시급 인민정부 종교사무부서에 신청서를 제출해야 한다. 개최지의 시급 인민정부 종교사무부서는 수리일로부터 15일 이내에 해당 인민정부공안기관의 의견을 구한 후 비준여부를 결정한다. 비준이 결정되면 비준기관이 성급 인민정부 종교사무부서에 상신한다. 대형종교활동은 비준통지서에 명시된 요구에 의거하여 종교의궤에 따라 진행해야 하며 본 조례 제4조, 제5조의 유관규정을	구조례의 밑줄부분을 수정조례의 밑줄부분으로 수정 및 추가

구조례 (2005)	수정조례 (2018)	개정 내용
외의 사고발생을 예방할 유효한 조취를 취하여야 한다. 대형종교활동 개최지의 향진 인민정부와 현급 이상 지방인민정부의 유관부서는 각자의 직책에 따라 필요한 관리와 지도를 책임지고 실시하여 대형종교활동의 안전과 질서 있는 진행을 책임져야 한다.	위반해서는 안 된다. 주최하는 종교단체, 사찰, 도관, 이슬람사원, 교회는 의외의 사고발생을 예방할 유효한 조취를 취하여 대형종교활동의 안전과 질서 있는 진행을 책임져야 한다. 대형종교활동 개최지의 향급 인민정부와 현급 이상 지방인민정부의 유관부서는 각자의 직책에 따라 필요한 관리와 지도를 책임지고 실시해야 한다.	
제11조 이슬람교를 믿는 중국공민의 해외순례는 이슬람교 전국적 종교단체가 책임지고 조직한다.	제43조 (구조례와 동일)	동일
	제44조 종교학교 이외의 학교 및 기타 교육기관에서의 종교선교, 종교활동 개최, 종교조직 결성, 종교활동장소 설립을 금지한다.	신설
제7조 종교단체는 국가의 관련 규정에 의거하여 종교내부자료 성격의 출판물을 편집인쇄할 수 있다. 공개 발행하는 종교출판물의 출판은 국가출판관리규정에 따라 처리한다. 종교내용과 관련된 출판물은 「출판관리조례」의 규정에 부합해야 하며 아래 내용을 담고 있어서는 안 된다. (1) 신앙인과 비신앙인의 조화로운 공존을 파괴하는 내용 (2) 다른 종교 간의 화목 및	제45조 종교단체, 종교학교, 사찰, 도관, 이슬람사원, 교회는 국가의 관련 규정에 의거하여 종교내부자료 성격의 출판물을 편집인쇄하고 발송할 수 있다. 공개 발행하는 종교출판물의 출판은 국가출판관리규정에 따라 처리한다. 종교내용과 관련된 출판물은 국가출판관리 규정에 부합해야 하며 아래 내용을 담고 있어서는 안 된다. (1) 신앙인과 비신앙인의 조화	밑줄부분 추가

구조례 (2005)	수정조례 (2018)	개정 내용
종교 내부의 화목을 파괴하는 내용 (3) 신앙인 혹은 비신앙인을 멸시, 모욕하는 내용 (4) 종교극단주의를 선양하는 내용 (5) 종교의 독립, 자주, 자영 원칙을 위배하는 내용	로운 공존을 파괴하는 내용 (2) 다른 종교 간의 화목 및 종교 내부의 화목을 파괴하는 내용 (3) 신앙인 혹은 비신앙인을 멸시, 모욕하는 내용 (4) 종교극단주의를 선양하는 내용 (5) 종교의 독립, 자주, 자영 원칙을 위배하는 내용	
	제46조 개인 용도와 합리적 수량을 초과하는 종교 출판물 및 인쇄물을 반입하거나 기타 방식으로 종교 출판물과 인쇄물을 수입하는 것은 국가의 유관규정에 따라 처리해야 한다.	신설
	제47조 인터넷종교정보서비스에 종사하려면 성급 이상 인민정부 종교사무부서의 심의와 동의를 거친 후, 국가인터넷정보서비스관리의 유관규정에 따라 처리해야 한다.	신설
	제48조 인터넷종교정보서비스의 내용은 유관 법률, 법규, 규정과 종교사무관리의 관련 규정에 부합해야 한다. 인터넷종교정보서비스의 내용은 본 조례 제45조 제2항의 규정을 위배해서는 안 된다.	신설

구조례 (2005)	수정조례 (2018)	개정 내용
	제7장 종교재산	
	제49조 종교단체, 종교학교, 종교활동장소가 법에 의거하여 점유하고 있는 국가나 집체소유의 재산은 법률과 국가의 유관 규정에 따라 관리하고 사용한다. 기타 합법적 재산은 법에 의거하여 소유권 혹은 기타 재산권을 가진다.	신설
제30조 종교단체, 종교활동장소가 합법적으로 사용 사용하는 토지, 합법적으로 소유하거나 사용하는 가옥 · 구조물 · 시설 및 기타 합법적인 재산과 수익은 법률의 보호를 받는다. 어떠한 조직이나 개인도 종교단체, 종교활동장소의 합법적 재산을 점거, 약취, 사적 분배, 파손 혹은 불법 차압, 압수, 동결, 몰수, 처분해서는 안 되며, 종교단체, 종교활동장소가 점유하거나 사용하는 문물을 훼손해서는 안 된다.	제50조 종교단체, 종교학교, 종교활동장소가 합법적으로 사용하는 토지, 합법적으로 소유하거나 사용하는 가옥 · 구조물 · 시설 및 기타 합법적인 재산과 수익은 법률의 보호를 받는다. 어떠한 조직이나 개인도 종교단체, 종교학교, 종교활동장소의 합법적 재산을 점거, 약취, 사적 분배, 파손 혹은 불법 차압, 압수, 동결, 몰수, 처분해서는 안 되며, 종교단체, 종교학교, 종교 활동장소가 점유하거나 사용하는 문물을 훼손해서는 안 된다.	밑줄부분 추가
제31조 종교단체, 종교활동장소 소유의 가옥과 사용 중인 토지 등은 법에 의거하여 현급 이상 지방인민정부의 건물 · 토지관리부서에 등기를 신청하여 소유권, 사용권 증서를 수령해야 한다. 재산권을 변경하게 되	제51조 종교단체, 종교학교, 종교활동장소 소유의 가옥과 사용 중인 토지 등의 부동산은 법에 의거하여 현급 이상 지방인민정부 부동산등기기관에 부동산등기를 신청하여 부동산증서를 수령해야 한다. 재산권을 변경하	구조례의 밑줄부분을 수정조례의 밑줄부분으로 수정 및 추가

구조례 (2005)	수정조례 (2018)	개정 내용
면 바로 등기 변경 수속을 거쳐야 한다. 토지관리부서는 종교단체 혹은 종교활동장소의 토지사용권을 확정하거나 변경 할 때, 해당 인민정부 종교사무부서의 의견을 구해야 한다.	거나 이전하게 되면 바로 등기 변경·이전 수속을 거쳐야 한다. 종교단체, 종교학교, 종교활동장소와 관련된 토지사용권을 변경하거나 이전할 때, 부동산 등기기관은 해당 인민정부 종교사무부서의 의견을 구해야 한다.	
	제52조 종교단체, 종교학교, 종교활동장소는 비영리조직이므로 그 재산과 수입은 종지와 부합하는 활동 및 공익자선사업에 사용되어야 하며, 분배해서는 안 된다.	신설
	제53조 어떠한 조직이나 개인이 기부하여 종교활동장소를 건설했더라도 해당 종교활동장소의 소유권이나 사용권을 가질 수 없으며, 해당 종교활동장소에서 경제적 이익을 취할 수 없다. 종교활동장소 혹은 대형옥외종교조형물에 투자나 위탁경영을 금지하며, 종교명의의 상업적 선전을 금지한다.	신설
제32조 종교활동장소가 종교활동에 사용하는 가옥, 구조물 및 그에 부속된 종교교역자 생활용도의 집은 양도, 저당 혹은 실물투자 할 수 없다.	제54조 (구조례와 동일)	동일

구조례 (2005)	수정조례 (2018)	개정 내용
第33조 도시계획이나 주요 프로젝트 건설의 필요에 의해 종교단체, 종교활동장소의 가옥 건축물을 철거하거나 이전하려면, 철거 혹은 이전하려는 자는 종교단체나 종교활동장소와 협의를 하여야 하며 종교사무부서의 의견을 구해야 한다. 쌍방의 협의와 동의를 거쳐 철거하거나 이전하면 철거 혹은 이전하려는 자는 철거나 이전하는 가옥이나 건축물에 대하여 재건을 하거나 국가의 유관 규정에 의거 철거되거나 이전되는 가옥이나 건축물의 시장 가격에 맞게 보상하여야 한다.	第55조 공공이익의 필요에 의해 종교단체, 종교학교 혹은 종교활동장소의 가옥을 수용하려면 가옥 수용과 관련된 유관규정에 따라 집행해야 한다. 종교단체, 종교학교 혹은 종교활동장소는 금전으로 보상 받을 지, 가옥재산권으로 교환받을지, 혹은 재건할 지를 선택할 수 있다.	전체내용 수정
第34조 종교단체, 종교활동장소는 법에 의거하여 사회공익사업을 할 수 있다. 획득한 수익 및 기타 합법적 수입은 재무, 회계관리에 포함되어야 하며, 해당 종교단체나 종교활동장소의 종지와 부합하는 활동 및 사회공익사업에 사용한다.	第56조 종교단체, 종교학교, 종교활동장소, 종교교역자는 법에 의거하여 공익자선사업을 할 수 있다. 어떠한 조직이나 개인도 공익자선활동을 이용하여 선교할 수 없다.	구조례의 밑줄부분을 수정조례의 밑줄부분으로 수정 및 추가
第35조 종교단체, 종교활동장소는 국가의 유관규정에 의거하여 국내외의 조직과 개인의 기부를 받아 해당 종교단체, 종교활동장소의 종지에 부합하는 활동에 사용할 수 있다.	第57조 종교단체, 종교학교, 종교활동장소는 국가의 유관규정에 의거하여 국내외의 조직과 개인의 기부를 받아 그 종지에 부합하는 활동에 사용할 수 있다. 종교단체, 종교학교, 종교활동장소는 국외 조직이나 개인의	구조례의 밑줄부분을 수정조례의 밑줄부분으로 수정 및 추가

구조례 (2005)	수정조례 (2018)	개정 내용
	조건부 기부를 받을 수 없으며, 접수한 기부금이 10만 위안을 초과하면 현급 이상 인민정부 종교사무부서에 보고하여 심의 비준을 받아야 한다. 종교단체, 종교학교, 종교활동장소는 종교적 관례에 따라 공민의 기부를 받을 수 있으나 강요하거나 분담 지우면 안 된다.	
第36조 종교단체, 종교활동장소는 국가의 재무, 회계, 세수 관리제도를 집행해야 하며, 국가의 유관 세수 규정에 의거해 세수 감면의 혜택을 누릴 수 있다. 종교단체, 종교활동장소는 소재지의 현급이상 인민정부 종교사무부서에 재무. 수지상황, 기부금접수 및 사용상황을 보고하고, 적절한 방식으로 신도들에게 알려야 한다.	第58조 종교단체, 종교학교, 종교활동장소는 국가통일의 재무, 자산, 회계제도를 집행해야 하며, 소재지의 현급 이상 인민정부 종교사무부서에 재무상황, 수지상황, 기부금접수 및 사용상황을 보고하고 그 관리감독을 받아야 하며, 적절한 방식으로 신도들에게 알려야 한다. 종교사무부서는 유관부서와 관련 관리정보를 공유하여야 한다. 종교단체, 종교학교, 종교활동장소는 국가의 유관 재무, 회계제도에 의거하여 회계정산, 재무보고, 재무공개 등의 건전한 제도를 마련해야 한다. 건전한 재무관리기구를 설치하고 필요한 재무회계인원을 배치하여 재무관리를 강화해야 한다. 정부 유관부서는 종교단체, 종교학교, 종교활동장소에 대해 재무, 자산검사와 회계감사를 조직할 수 있다.	구조례의 밑줄부분을 수정조례의 밑줄부분으로 수정 및 추가

구조례 (2005)	수정조례 (2018)	개정 내용
	제59조 종교단체, 종교학교, 종교활동장소는 법에 의거하여 세무등기를 해야 한다. 종교단체, 종교학교, 종교활동장소와 종교교역자는 법에 의거하여 납세신고를 해야 하며, 국가 유관규정에 따라 세수혜택을 누릴 수 있다. 세무부서는 법에 의거하여 종교단체, 종교학교, 종교활동장소 및 종교교역자에 대해 세수관리를 실시해야 한다.	신설
제37조 종교단체, 종교활동장소가 말소되거나 종료된 경우 재산을 청산해야 하며, 청산 후의 잉여재산은 해당 종교단체나 종교활동장소의 종지와 부합하는 사업에 사용해야 한다.	제60조 종교단체, 종교학교, 종교활동장소가 말소되거나 종료된 경우 재산을 청산해야 하며, 청산 후의 잉여재산은 종지에 부합하는 사업에 사용해야 한다	구조례의 밑줄부분 삭제 수정조례의 밑줄부분 추가
	제8장 법률책임	
제38조 국가업무요원이 종교사무관리 업무 중 직권을 남용하거나, 직무를 소홀히 하거나, 사리사욕을 위해 불법행위를 한다면 처분해야 할 경우는 법에 의거하여 처리하고, 범죄가 성립할 경우 법에 의거하여 형사책임을 물어야한다.	제61조 (구조례와 동일)	동일
제39조 공민의 종교신앙 혹은 불신앙을 강제하거나, 종교단체, 종교활동장소의 정상적인 종교	제62조 공민의 종교신앙 혹은 불신앙을 강제하거나, 종교단체, 종교학교, 종교활동장소의 정상적	수정조례의 밑줄부분 추가

구조례 (2005)	수정조례 (2018)	개정 내용
활동을 방해하면 종교사무부서가 시정명령을 내린다. 치안관리행위를 위반하는 경우 법에 의거해 치안관리처벌을 내린다. 종교단체, 종교활동장소와 신앙인의 합법권익을 침범하면 법에 의거하여 민사책임을 지우고, 범죄가 성립할 경우 법에 의거하여 형사책임을 묻는다.	인 종교활동을 방해하면 종교사무부서가 시정명령을 내린다. 치안관리행위를 위반하는 경우 법에 의거하여 치안관리처벌을 내린다. 종교단체, 종교학교, 종교활동장소와 신앙인의 합법권익을 침범하면 법에 의거하여 민사책임을 지우고, 범죄가 성립할 경우 법에 의거하여 형사책임을 묻는다.	
제40조 종교를 이용해 국가안전, 공공안전을 위협하거나, 공민의 인권, 민주적 권리를 침범하거나, 사회관리 질서를 방해하거나, 공공과 개인의 재산을 침범하는 등의 위법활동으로 인해 범죄가 성립하면 법에 따라 형사책임을 묻는다. 범죄가 성립하지 않으면 유관부서가 법에 의거하여 행정처벌을 내린다. 공민, 법인 혹은 기타 조직에게 손해를 야기하면 법에 의거하여 민사책임을 지운다.	제63조 종교극단주의를 선양, 지지, 자금지원 하거나, 종교를 이용해 국가안전, 공공안전을 위협하거나, 민족단결을 파괴하거나, 국가를 분열시키거나, 테러활동을 하거나, 공민의 인권, 민주적 권리를 침범하거나, 사회관리 질서를 방해하거나, 공공과 개인의 재산을 침범하는 등의 위법활동으로 인해 범죄가 성립하면 법에 따라 형사책임을 묻는다. 범죄가 성립하지 않으면 유관부서가 법에 의거하여 행정처벌을 내린다. 공민, 법인 혹은 기타 조직에게 손해를 야기하면 법에 의거하여 민사책임을 지운다. 종교단체, 종교학교 혹은 종교활동장소가 위에 해당하는 행위를 하여 사안이 엄중한 경우, 유관부서가 필요한 조치를 취하여 바로잡는다. 이를 받아들	수정조례의 밑줄부분 추가 *구조례 제40조가 수정조례 제63조, 제64조로 분리되어 구체화됨

구조례 (2005)	수정조례 (2018)	개정 내용
	이지 않는 경우, 등기관리기관 혹은 설립비준기관에서 법에 의거하여 등기증서 혹은 설립허가를 취소한다.	
제40조 대형종교활동 중 국가안전, 공공안전을 위협하거나 사회질서를 파괴하는 상황이 발생하면 집회행진시위의 법률과 행정법규에 의거하여 현장에서 조치하고 처벌한다. 주최하는 종교단체, 사찰, 도관, 이슬람사원, 교회에 책임이 있을 경우 등기기관이 그 등기를 취소한다. 허가 없이 대형종교활동을 거행하면 종교사무부서가 활동 정지를 명령한다. 위법으로 얻은 소득이 있으면 이를 몰수하고 위법소득의 1배이상 3배 이하의 벌금을 부과할 수 있다. 그 중 대형종교활동을 종교단체, 종교활동장소가 허가 없이 거행했다면, 등기관리기관이 해당 종교단체, 종교활동장소의 직접적 책임자 교체를 명할 수 있다.	제64조 대형종교활동 중 국가안전, 공공안전을 위협하거나 사회질서를 심각하게 파괴하는 상황이 발생하면 유관부서에서 법률, 법규에 의거하여 조치하고 처벌한다. 주최하는 종교단체, 사찰, 도관, 이슬람사원, 교회에 책임이 있을 경우, 등기관리기관이 주요 책임자 교체를 명하고, 사안이 엄중한 경우 등기관리기관이 등기증서를 취소한다. 허가 없이 대형종교활동을 거행하면 종교사무부서에서는 유관부서와 협력하여 활동정지를 명령하고, 이에 더해 10만 위안 이상 30만 위안 이하의 벌금을 부과한다. 위법소득이나 비합법적으로 취득한 재물이 있으면 위법소득과 비합법적 재물을 몰수한다. 그 중 대형종교활동을 종교단체, 종교활동장소가 허가 없이 거행했다면, 등기관리기관이 해당 종교단체, 종교활동장소의 직접적 책임자 교체를 명할 수 있다.	구조례의 밑줄친 부분을 수정조례의 밑줄 부분으로 수정 및 추가 *구조례 제40조가 수정조례 제63조, 제64조로 분리되어 구체화됨
제41조 종교단체, 종교활동장소가 아래 중 하나에 해당하는 행위	제65조 종교단체, 종교학교, 종교활동장소가 아래 중 하나에 해당하	구조례의 밑줄 부분을 수정조례의 밑

구조례 (2005)	수정조례 (2018)	개정 내용
를 하면, 종교사무부서가 시정을 명한다. 사안이 비교적 엄중한 경우, 등기관리기관에서 해당 종교단체, 종교활동장소의 직접적 책임자 교체를 명한다. 사안이 엄중한 경우, 등기관리기관이 해당 종교단체, 종교활동장소의 등기를 취소하고, 비합법적 재물이 있으면 몰수한다. (1) 규정에 따라 등기변경 혹은 등록수속을 하지 않은 경우 (2) 종교활동장소에서 본 조례 제18조 규정을 위반하여 유관관리제도를 만들지 않았거나, 관리제도가 요구에 부합하지 않을 경우 (3) 종교활동장소에서 중대사고, 중대사건이 발생했음에도 즉시 보고하지 않아 심각한 결과를 야기한 경우 (4) 본 조례 제4조 규정을 위반하여 종교의 자립, 자주, 자영의 원칙을 위배한 경우 (5) 국가 유관규정을 위배하고 국내외 기부를 받은 경우 (6) 행정관리기관이 법에 의거하여 시행하는 관리감독을 거부한 경우	는 행위를 하면, 종교사무부서가 시정을 명한다. 사안이 비교적 엄중한 경우, 등기관리기관 혹은 설립비준기관에서 해당 종교단체, 종교학교, 종교활동장소의 직접적 책임자 교체를 명한다. 사안이 엄중한 경우, 등기관리기관 혹은 설립비준기관이 일상활동 금지를 명하고, 관리조직 개편, 기한 내 시정을 명하며, 이를 거부할 경우 법에 의거하여 등기증서 혹은 설립허가를 취소한다. 위법소득, 비합법적 재물이 있으면 몰수한다. (1) 규정에 따라 등기변경 혹은 등록수속을 하지 않은 경우 (2) 종교학교가 인재양성목표, 학사규정, 교과과정설치의 요구를 위반한 경우 (3) 종교활동장소에서 본 조례 제26조 규정을 위반하여 유관관리제도를 만들지 않았거나, 관리제도가 요구에 부합하지 않을 경우 (4) 종교활동장소가 본 조례 제54조 규정을 위반하여 종교활동용 가옥, 구조물 및 부속 종교교역자의 생활용도의 방을 양도하거나, 담보 잡히거나, 혹은 실물투자하는 경우 (5) 종교활동장소에서 중대사고, 중대사건이 발생했음에도 즉시 보고하지 않아 심각한 결과를 야기한 경우 (6) 본 조례 제5조 규정을 위반	줄부분으로 수정 및 추가

구조례 (2005)	수정조례 (2018)	개정 내용
	하여 종교의 자립, 자주, 자영의 원칙을 위배한 경우 (7) 국가 유관규정을 위배하고 국내외 기부를 받은 경우 (8) 행정관리기관이 법에 의거하여 시행하는 관리감독을 거부한 경우	
	제66조 임시활동지점의 활동이 본 조례의 관련규정을 위반하면 종교사무부서가 시정을 명한다. 사안이 엄중한 경우 활동정지를 명하고, 해당 임시활동지점을 취소한다. 위법소득이나 비합법적으로 취득한 재물이 있으면 몰수한다.	신설
	제67조 종교단체, 종교학교, 종교활동장소가 재무, 회계, 자산, 세수에 관한 국가 관리규정을 위반한 경우, 재무, 세무 등의 부서가 관련규정에 의거하여 처벌한다. 사안이 엄중한 경우 재정, 세무부서의 의견에 따라 등기관리기관 혹은 설립비준기관에서 해당 등기증서 혹은 설립허가를 취소한다.	신설
제42조 종교적 내용을 포함하고 있는 출판물이 본 조례 제7조 제2항의 금지내용을 포함하고 있다면, 유관주관부서가 해당 책임기관 및 책임자에 대해 행정처벌을 내린다. 범죄가 성립	제68조 종교적 내용을 포함하고 있는 출판물, 혹은 인터넷종교정보서비스가 본 조례 제45조 제2항의 금지내용을 포함하고 있다면, 유관부서가 해당 책임기관 및 책임자에 대해 행정처벌을	밑줄부분 추가

구조례 (2005)	수정조례 (2018)	개정 내용
하면, 법에 의거하여 형사책임을 묻는다.	내린다. 범죄가 성립하면, 법에 의거하여 형사책임을 묻는다. 허가 없이 인터넷종교정보서비스에 종사하거나, 승인 및 등록 항목을 넘어선 서비스를 제공하는 경우, 유관부서에서 관련 법률과 법규에 의거하여 처리한다.	
제43조 종교활동장소가 허가 없이 설립되었거나, 등기가 취소되었거나 등기증서가 말소되었음에도 여전히 종교활동을 하거나, 허가 없이 종교학교를 설립하는 경우 종교사무부서가 이를 단속하고 위법소득을 몰수한다. 위법 가옥 및 구조물은 건설주관부서가 법에 의거하여 처리한다. 치안관리 위반행위를 하면 법에 의거하여 치안관리 처벌을 받는다. 비종교단체, 비종교활동장소가 종교활동을 조직, 거행하고 종교성 헌금을 받으면, 종교사무부서가 활동정지를 명한다. 위법소득이 있으면 위법소득을 몰수하고, 사안이 엄중한 경우 위법소득의 1배 이상 3배 이하의 벌금에 처할 수 있다.	제69조 종교활동장소가 허가 없이 설립되었거나, 등기가 취소되었거나 등기증서가 말소되었음에도 여전히 종교활동을 하거나, 허가 없이 종교학교를 설립하는 경우 종교사무부서에서 유관부서와 협력해 금지명령을 내린다. 위법소득이나 비합법적으로 취득한 재물이 있으면 위법소득과 비합법적 재물을 몰수한다. 위법소득의 액수를 확정할 수 없다면 5만 위안 이하의 벌금에 처한다. 위법 가옥 및 구조물은 계획, 건설 등의 부서에서 법에 의거하여 처리한다. 치안관리 위반행위를 하면 법에 의거하여 치안관리처벌을 받는다. 비종교단체, 비종교학교, 비종교활동장소, 비지정임시활동지점이 종교활동을 조직, 거행하고 종교성 헌금을 받으면, 종교사무부서가 공안, 민정, 건설, 교육, 문화, 여행, 문물 등의 유관 부서와 협력해 활동정지를 명한다. 위법소득이나 비합	구조례의 밑줄 부분을 수정조례의 밑줄부분으로 수정 및 추가 *구조례 제43조가 수정조례 제69조, 제70조로 분리되어 구체화됨

구조례 (2005)	수정조례 (2018)	개정 내용
	법적재물이 있으면 위법소득과 비합법적재물을 몰수하고, 이에 더해 위법소득의 1배 이상 3배 이하의 벌금에 처할 수 있다. 위법소득의 금액을 확정할 수 없는 경우 5만 위안 이하의 벌금에 처한다. 범죄가 성립하면 법에 의거하여 형사책임을 묻는다.	
제43조 허가 없이 신앙공민을 조직해 출국하여 순례를 가면 종교사무부서에서 활동정지를 명하고, 위법소득이 있으면 위법소득을 몰수하고, 위법소득의 1배 이상 3배 이하의 벌금에 처할 수 있다.	제70조 허가 없이 공민을 조직해 출국하여 종교적 성격의 연수, 회의, 순례 등의 활동에 참가하거나, 허가 없이 종교교육연수를 실시하면, 종교사무부서에서 유관부서와 협력해 활동정지를 명하고, 이에 더해 2만 위안 이상 20만 위안 이하의 벌금에 처할 수 있다. 위법소득이 있으면 위법소득을 몰수하고, 범죄가 성립하면 법에 의거하여 형사책임을 묻는다. 종교학교 이외의 학교나 기타 교육기관에서 선교하거나, 종교활동을 거행하거나, 종교조직을 구성하거나, 종교활동장소를 설립하면 심의비준기관 혹은 기타 유관부서에서 기한 내 시정을 명하고 경고한다. 위법소득이 있으면 위법소득을 몰수한다. 사안이 엄중한 경우 신입생 모집정지를 명하고, 학사허가를 말소한다. 범죄가 성립하면 법에 의거하여 형사책임을 묻는다.	구조례의 밑줄 부분을 수정조례의 밑줄 부분으로 수정 및 추가 *구조례 제43조가 수정조례 제69조, 제70조로 분리되어 구체화됨

구조례 (2005)	수정조례 (2018)	개정 내용
	제71조 위법 종교활동에 조건을 제공하는 경우 종교사무부서에서 경고를 주고, 위법소득이나 비합법적 재물이 있으면 위법소득과 비합법적 재물을 몰수한다. 사안이 엄중한 경우 이에 더해 2만 위안 이상 20만 위안 이하의 벌금에 처한다. 위법 가옥, 구조물이 있으면 계획, 건설 등의 부서에서 법에 의거하여 처리한다. 치안관리위반행위를 하면 법에 의거하여 치안관리처벌에 처한다.	신설
제44조 본 조례규정을 위반하고 대형 옥외종교조형물을 만들 경우 종교사무부서가 시공 정지 및 기한 내 철거를 명령한다. 위법 소득이 있으면 위법소득을 몰수한다.	제72조 본 조례규정을 위반하고 대형 옥외종교조형물을 만들 경우 종교사무부서가 국토, 계획, 건설, 여행 등의 부서와 협력해 시공 정지 및 기한 내 철거를 명령한다. 위법소득이 있으면 위법소득을 몰수한다. 사안이 엄중한 경우 이에 더해 조형물 건설공사비용의 5%이상 10%이하의 벌금에 처한다. 종교활동장소 혹은 대형옥외종교조형물에 투자하거나 위탁경영을 하는 경우, 종교사무부서에서 공상, 계획, 건설 등의 부서와 협력해 시정을 명하고, 위법소득을 몰수한다. 사안이 엄중한 경우 등기관리기관에서 해당 종교활동장소의 등기증서를 말소하고, 법에 의거하여 관련자의 책임을 묻는다.	밑줄부분 추가

구조례 (2005)	수정조례 (2018)	개정 내용
제45조 종교교역자가 종교 교무활동 중 법률, 법규, 혹은 규장을 위반하면, 법에 의거하여 유관 법률적 책임을 묻고, 종교사무부서는 해당 종교단체에 그 종교교역자의 신분 취소를 건의한다.	제73조 종교교역자가 아래 중 하나에 해당하는 행위를 하면, 종교사무부서에서 경고를 주고, 위법 소득과 비합법적 재물을 몰수한다. 사안이 엄중한 경우, 종교사무부서가 유관 종교단체, 종교학교, 종교활동장소의 교무활동을 임시 정지시키거나 종교교역자의 신분을 취소시킨다. 아울러 유관 종교단체, 종교학교 혹은 종교활동장소의 책임자의 책임을 묻는다. 치안관리 위반행위를 하면 법에 의거하여 치안관리처벌을 한다. 범죄가 성립하면 법에 의거하여 형사책임을 묻는다. (1) 종교극단주의를 선양, 지지, 자금지원하여 민족단결을 깨뜨리고, 국가를 분열시키며 테러활동 혹은 관련 활동에 참여하는 경우 (2) 국외세력의 지배를 받거나, 허가 없이 국외종교단체 혹은 기관에서 위임한 교직을 받거나, 그 외 종교의 독립 자주 자영 원칙을 위배한 경우 (3) 국가 유관규정을 위배하고 국내외 기부금을 받은 경우 (4) 비준을 받지 않고, 종교활동 밖에서 거행하는 종교활동을 조직하거나 주관한 경우 (5) 기타 법률, 법규, 규정을 위반한 경우	구조례의 밑줄 부분을 수정조례의 밑줄부분으로 수정 및 추가 *구조례 제45조가 수정조례 제73조, 제74조로 분리되어 구체화됨

구조례 (2005)	수정조례 (2018)	개정 내용
가짜 종교교역자가 종교활동을 진행하면 종교사무부서에서 활동정지를 명한다. 위법소득이 있으면 위법소득을 몰수한다. 치안관리 위반행위가 있으면 법에 의거하여 치안관리처벌을 내리며, 범죄가 성립하면 법에 의거하여 형사책임을 묻는다.	제74조 가짜 종교교역자가 종교활동을 진행하거나, 재물 등을 편취하는 위법활동을 하는 경우, 종교사무부서에서 활동정지를 명한다. 위법소득과 비합법적 재물이 있으면 위법소득과 비합법적 재물을 몰수하고, 이에 더해 1만 위안 이하의 벌금에 처한다. 치안관리위반행위가 있으면 법에 의거하여 치안관리처벌을 내리며, 범죄가 성립하면 법에 의거하여 형사책임을 묻는다.	밑줄부분 추가 *구조례 제45조가 수정조례 제73조, 제74조로 분리되어 구체화됨
제46조 종교사무부서의 행정처분에 불복하는 경우 법에 의거하여 행정재결을 청구할 수 있다. 행정재결의 결정에 불복하는 경우 법에 의거하여 행정소송을 제기할 수 있다.	제75조 (구조례와 동일)	동일
	제9장 부칙	
제47조 중국본토에서 홍콩특별행정구, 마카오특별행정구, 대만지역과 종교교류를 할 경우, 법률, 행정법규, 국가 유관규정에 의거하여 처리한다.	제76조 (구조례와 동일)	동일
제48조 본 조례는 2005년 3월 1일부터 시행한다. 1994년 1월 31일 국무원이 발표한 「종교활동장소관리조례」는 이 조례의 시행과 동시에 폐지한다.	제77조 본 조례는 2018년 2월 1일부터 시행한다.	전체내용 수정

[부록]

修订 宗教事务条例

中华人民共和国国务院令
第686号

《宗教事务条例》已经2017年6月14日国务院第176次常务会议修订通过，现将修订后的《宗教事务条例》公布，自2018年2月1日起施行。

总理 李克强

2017年8月26日

宗教事务条例

(2004年11月30日中华人民共和国国务院令第426号公布
2017年6月14日国务院第176次常务会议修订通过)

第一章 总 则

第一条

为了保障公民宗教信仰自由，维护宗教和睦与社会和谐，规范宗教事务管理，提高宗教工作法治化水平，根据宪法和有关法律，制定本条例。

第二条

公民有宗教信仰自由。

任何组织或者个人不得强制公民信仰宗教或者不信仰宗教，不得歧视信仰宗教的公民(以下称信教公民)或者不信仰宗教的公民(以下称不信教公民)。

信教公民和不信教公民、信仰不同宗教的公民应当相互尊重、和睦相处。

第三条

宗教事务管理坚持保护合法、制止非法、遏制极端、抵御渗透、打击犯罪的原则。

第四条

国家依法保护正常的宗教活动，积极引导宗教与社会主义社会相适应，维护宗教团体、宗教院校、宗教活动场所和信教公民的合法权益。

宗教团体、宗教院校、宗教活动场所和信教公民应当遵守宪法、法律、法规和规章，践行社会主义核心价值观，维护国家统一、民族团结、宗教和睦与社会稳定。

任何组织或者个人不得利用宗教进行危害国家安全、破坏社会秩序、损害公民身体健康、妨碍国家教育制度，以及其他损害国家利益、社会公共利益和公民合法权益等违法活动。

任何组织或者个人不得在不同宗教之间、同一宗教内部以及信教公民与不信教公民之间制造矛盾与冲突，不得宣扬、支持、资助宗教极端主义，不得利用宗教破坏民族团结、分裂国家和进行恐怖活动。

第五条

各宗教坚持独立自主自办的原则，宗教团体、宗教院校、宗教活动场所和宗教事务不受外国势力的支配。

宗教团体、宗教院校、宗教活动场所、宗教教职人员在相互尊重、平等、友好的基础上开展对外交往；其他组织或者个人在对外经济、文化等合作、交流活动中不得接受附加的宗教条件。

第六条

各级人民政府应当加强宗教工作，建立健全宗教工作机制，保障工作力量和必要的工作条件。

县级以上人民政府宗教事务部门依法对涉及国家利益和社会公共利益的宗教事务进行行政管理，县级以上人民政府其他有关部门在各自职责范围内依法负责有关的行政管理工作。

乡级人民政府应当做好本行政区域的宗教事务管理工作。村民委员会、居民委员会应当依法协助人民政府管理宗教事务。

各级人民政府应当听取宗教团体、宗教院校、宗教活动场所和信教公民的意见，协调宗教事务管理工作，为宗教团体、宗教院校和宗教活动场所提供公共服务。

第二章 宗教团体

第七条

宗教团体的成立、变更和注销，应当依照国家社会团体管理的有关规定办理登记。

宗教团体章程应当符合国家社会团体管理的有关规定。

宗教团体按照章程开展活动，受法律保护。

第八条

宗教团体具有下列职能：

(一)协助人民政府贯彻落实法律、法规、规章和政策，维护信教公民的合法权益；

(二)指导宗教教务，制定规章制度并督促落实；

(三)从事宗教文化研究，阐释宗教教义教规，开展宗教思想建设；

(四)开展宗教教育培训，培养宗教教职人员，认定、管理宗教教职人员；

(五)法律、法规、规章和宗教团体章程规定的其他职能。

第九条

全国性宗教团体和省、自治区、直辖市宗教团体可以根据本宗教的需要按照规定选派和接收宗教留学人员，其他任何组织或者个人不得选派和接收宗教留学人员。

第十条

宗教院校、宗教活动场所和宗教教职人员应当遵守宗教团体制定的规章制度。

第三章 宗教院校

第十一条

宗教院校由全国性宗教团体或者省、自治区、直辖市宗教团体设立。其他任何组织或者个人不得设立宗教院校。

第十二条

设立宗教院校，应当由全国性宗教团体向国务院宗教事务部门提出申请，或者由省、自治区、直辖市宗教团体向拟设立的宗教院校所在地的省、自治区、直辖市人民政府宗教事务部门提出申请。省、自治区、直辖市人民政府宗教事务部门应当自收到申请之日起30日内提出意见，报国务院宗教事务部门审批。

国务院宗教事务部门应当自收到全国性宗教团体的申请或者省、自治区、直辖市人民政府宗教事务部门报送的材料之日起60日内，作出批准或者不予批准的决定。

第十三条

设立宗教院校，应当具备下列条件：

(一)有明确的培养目标、办学章程和课程设置计划；

(二)有符合培养条件的生源；

(三)有必要的办学资金和稳定的经费来源；

(四)有教学任务和办学规模所必需的教学场所、设施设备；

(五)有专职的院校负责人、合格的专职教师和内部管理组织；

(六)布局合理。

第十四条

经批准设立的宗教院校，可以按照有关规定申请法人登记。

第十五条

宗教院校变更校址、校名、隶属关系、培养目标、学制、办学规模等以及合并、分设和终止，应当按照本条例第十二条规定的程序办理。

第十六条

宗教院校实行特定的教师资格认定、职称评审聘任和学生学位授予制度，具体办法由国务院宗教事务部门另行制定。

第十七条

宗教院校聘用外籍专业人员，应当经国务院宗教事务部门同意后，到所在地外国人工作管理部门办理相关手续。

第十八条

宗教团体和寺院、宫观、清真寺、教堂(以下称寺观教堂)开展培养宗教教职人员、学习时间在3个月以上的宗教教育培训，应当报设区的市级以上地方人民政府宗教事务部门审批。

第四章 宗教活动场所

第十九条

宗教活动场所包括寺观教堂和其他固定宗教活动处所。

寺观教堂和其他固定宗教活动处所的区分标准由省、自治区、直辖市人民政府宗教事务部门制定，报国务院宗教事务部门备案。

第二十条

设立宗教活动场所，应当具备下列条件：

(一)设立宗旨不违背本条例第四条、第五条的规定；

(二)当地信教公民有经常进行集体宗教活动的需要；

(三)有拟主持宗教活动的宗教教职人员或者符合本宗教规定的其他人员；
(四)有必要的资金，资金来源渠道合法；
(五)布局合理，符合城乡规划要求，不妨碍周围单位和居民的正常生产、生活。

第二十一条

筹备设立宗教活动场所，由宗教团体向拟设立的宗教活动场所所在地的县级人民政府宗教事务部门提出申请。县级人民政府宗教事务部门应当自收到申请之日起30日内提出审核意见，报设区的市级人民政府宗教事务部门。
设区的市级人民政府宗教事务部门应当自收到县级人民政府宗教事务部门报送的材料之日起30日内，对申请设立其他固定宗教活动处所的，作出批准或者不予批准的决定；对申请设立寺观教堂的，提出审核意见，报省、自治区、直辖市人民政府宗教事务部门审批。
省、自治区、直辖市人民政府宗教事务部门应当自收到设区的市级人民政府宗教事务部门报送的材料之日起30日内，作出批准或者不予批准的决定。
宗教活动场所的设立申请获批准后，方可办理该宗教活动场所的筹建事项。

第二十二条

宗教活动场所经批准筹备并建设完工后，应当向所在地的县级人民政府宗教事务部门申请登记。县级人民政府宗教事务部门应当自收到申请之日起30日内对该宗教活动场所的管理组织、规章制度建设等情况进行审核，对符合条件的予以登记，发给《宗教活动场所登记证》。

第二十三条

宗教活动场所符合法人条件的，经所在地宗教团体同意，并报县级人民政府宗教事务部门审查同意后，可以到民政部门办理法人登记。

第二十四条

宗教活动场所终止或者变更登记内容的，应当到原登记管理机关办理相应的注销或者变更登记手续。

第二十五条

宗教活动场所应当成立管理组织，实行民主管理。宗教活动场所管理组织的成员，经民主协商推选，并报该场所的登记管理机关备案。

第二十六条

宗教活动场所应当加强内部管理，依照有关法律、法规、规章的规定，建立健全人员、财务、资产、会计、治安、消防、文物保护、卫生防疫等管理制度，接受当地人民政府有关部门的指导、监督、检查。

第二十七条

宗教事务部门应当对宗教活动场所遵守法律、法规、规章情况，建立和执行场所管理制度情况，登记项目变更情况，以及宗教活动和涉外活动情况进行监督检查。宗教活动场所应当接受宗教事务部门的监督检查。

第二十八条

宗教活动场所内可以经销宗教用品、宗教艺术品和宗教出版物。

第二十九条

宗教活动场所应当防范本场所内发生重大事故或者发生违犯宗教禁忌等伤害信教公民宗教感情、破坏民族团结、影响社会稳定的事件。

发生前款所列事故或者事件时，宗教活动场所应当立即报告所在地的县级人民政府宗教事务部门。

第三十条

宗教团体、寺观教堂拟在寺观教堂内修建大型露天宗教造像，应当由省、自治区、直辖市宗教团体向省、自治区、直辖市人民政府宗教事务部门提出申请。省、自治区、直辖市人民政府宗教事务部门应当自收到申请之日起30日内提出意见，报国务院宗教事务部门审批。

国务院宗教事务部门应当自收到修建大型露天宗教造像报告之日起60日内，作出批准或者不予批准的决定。

宗教团体、寺观教堂以外的组织以及个人不得修建大型露天宗教造像。

禁止在寺观教堂外修建大型露天宗教造像。

第三十一条

有关单位和个人在宗教活动场所内设立商业服务网点、举办陈列展览、拍摄电影电视片和开展其他活动，应当事先征得该宗教活动场所同意。

第三十二条

地方各级人民政府应当根据实际需要，将宗教活动场所建设纳入土地利用总体规划和城乡规划。

宗教活动场所、大型露天宗教造像的建设应当符合土地利用总体规划、城乡规划和工程建设、文物保护等有关法律、法规。

第三十三条

在宗教活动场所内改建或者新建建筑物，应当经所在地县级以上地方人民政府宗教事务部门批准后，依法办理规划、建设等手续。

宗教活动场所扩建、异地重建的，应当按照本条例第二十一条规定的程序办理。

第三十四条

景区内有宗教活动场所的，其所在地的县级以上地方人民政府应当协调、处理宗教活动场所与景区管理组织及园林、林业、文物、旅游等方面的利益关系，维护宗教活动场所、宗教教职人员和信教公民的合法权益，保护正常的宗教活动。

以宗教活动场所为主要游览内容的景区的规划建设，应当与宗教活动场所的风格、环境相协调。

第三十五条

信教公民有进行经常性集体宗教活动需要，尚不具备条件申请设立宗教活动场所的，由信教公民代表向县级人民政府宗教事务部门提出申请，县级人民政府宗教事务部门征求所在地宗教团体和乡级人民政府意见后，可以为其指定临时活动地点。
在县级人民政府宗教事务部门指导下，所在地乡级人民政府对临时活动地点的活动进行监管。具备设立宗教活动场所条件后，办理宗教活动场所设立审批和登记手续。
临时活动地点的宗教活动应当符合本条例的相关规定。

第五章 宗教教职人员

第三十六条
宗教教职人员经宗教团体认定，报县级以上人民政府宗教事务部门备案，可以从事宗教教务活动。
藏传佛教活佛传承继位，在佛教团体的指导下，依照宗教仪轨和历史定制办理，报省级以上人民政府宗教事务部门或者省级以上人民政府批准。天主教的主教由天主教的全国性宗教团体报国务院宗教事务部门备案。
未取得或者已丧失宗教教职人员资格的，不得以宗教教职人员的身份从事活动。

第三十七条
宗教教职人员担任或者离任宗教活动场所主要教职，经本宗教的宗教团体同意后，报县级以上人民政府宗教事务部门备案。

第三十八条

宗教教职人员主持宗教活动、举行宗教仪式、从事宗教典籍整理、进行宗教文化研究、开展公益慈善等活动，受法律保护。

第三十九条

宗教教职人员依法参加社会保障并享有相关权利。宗教团体、宗教院校、宗教活动场所应当按照规定为宗教教职人员办理社会保险登记。

第六章 宗教活动

第四十条

信教公民的集体宗教活动，一般应当在宗教活动场所内举行，由宗教活动场所、宗教团体或者宗教院校组织，由宗教教职人员或者符合本宗教规定的其他人员主持，按照教义教规进行。

第四十一条

非宗教团体、非宗教院校、非宗教活动场所、非指定的临时活动地点不得组织、举行宗教活动，不得接受宗教性的捐赠。

非宗教团体、非宗教院校、非宗教活动场所不得开展宗教教育培训，不得组织公民出境参加宗教方面的培训、会议、活动等。

第四十二条

跨省、自治区、直辖市举行超过宗教活动场所容纳规模的大型宗教活动，或者在宗教活动场所外举行大型宗教活动，应当由主办的宗教团体、寺观教堂在拟举行日的30日前，向大型宗教活动举办地的设区的市级人民政府宗教事务部门提出申请。设区的市级人民政府宗教事务部门应当自受理之日起15日内，在征求本级人民政府公安机关意见后，作出批准或者不予批准的决定。作出批准决定的，由批准机关向省级人民政府宗教事务部门备案。

大型宗教活动应当按照批准通知书载明的要求依宗教仪轨进行，不得违反本条例第四条、第五条的有关规定。主办的宗教团体、寺观教堂应当采取有效措施防止意外事故的发生，保证大型宗教活动安全、有序进行。大型宗教活动举办地的乡级人民政府和县级以上地方人民政府有关部门应当依据各自职责实施必要的管理和指导。

第四十三条

信仰伊斯兰教的中国公民前往国外朝觐，由伊斯兰教全国性宗教团体负责组织。

第四十四条

禁止在宗教院校以外的学校及其他教育机构传教、举行宗教活动、成立宗教组织、设立宗教活动场所。

第四十五条

宗教团体、宗教院校和寺观教堂按照国家有关规定可以编印、发送宗教内部资料性出版物。出版公开发行的宗教出版物，按照国家出版管理的规定办理。

涉及宗教内容的出版物，应当符合国家出版管理的规定，并不得含有下列内容：

(一)破坏信教公民与不信教公民和睦相处的；

(二)破坏不同宗教之间和睦以及宗教内部和睦的；

(三)歧视、侮辱信教公民或者不信教公民的；

(四)宣扬宗教极端主义的；

(五)违背宗教的独立自主自办原则的。

第四十六条

超出个人自用、合理数量的宗教类出版物及印刷品进境，或者以其他方式进口宗教类出版物及印刷品，应当按照国家有关规定办理。

第四十七条

从事互联网宗教信息服务，应当经省级以上人民政府宗教事务部门审核同意后，按照国家互联网信息服务管理有关规定办理。

第四十八条

互联网宗教信息服务的内容应当符合有关法律、法规、规章和宗教事务管理的相关规定。

互联网宗教信息服务的内容，不得违反本条例第四十五条第二款的规定。

第七章 宗教财产

第四十九条

宗教团体、宗教院校、宗教活动场所对依法占有的属于国家、集体所有的财产，依照法律和国家有关规定管理和使用；对其他合法财产，依法享有所有权或者其他财产权利。

第五十条

宗教团体、宗教院校、宗教活动场所合法使用的土地，合法所有或者使用的房屋、构筑物、设施，以及其他合法财产、收益，受法律保护。

任何组织或者个人不得侵占、哄抢、私分、损毁或者非法查封、扣押、冻结、没收、处分宗教团体、宗教院校、宗教活动场所的合法财产，不得损毁宗教团体、宗教院校、宗教活动场所占有、使用的文物。

第五十一条

宗教团体、宗教院校、宗教活动场所所有的房屋和使用的土地等不动产，应当依法向县级以上地方人民政府不动产登记机构申请不动产登记，领取不动产权证书；产权变更、转移的，应当及时办理变更、转移登记。

涉及宗教团体、宗教院校、宗教活动场所土地使用权变更或者转移时，不动产登记机构应当征求本级人民政府宗教事务部门的意见。

第五十二条

宗教团体、宗教院校、宗教活动场所是非营利性组织，其财产和收入应当用于与其宗旨相符的活动以及公益慈善事业，不得用于分配。

第五十三条

任何组织或者个人捐资修建宗教活动场所，不享有该宗教活动场所的所有权、使用权，不得从该宗教活动场所获得经济收益。

禁止投资、承包经营宗教活动场所或者大型露天宗教造像，禁止以宗教名义进行商业宣传。

第五十四条

宗教活动场所用于宗教活动的房屋、构筑物及其附属的宗教教职人员生活用房不得转让、抵押或者作为实物投资。

第五十五条

为了公共利益需要，征收宗教团体、宗教院校或者宗教活动场所房屋的，应当按照国家房屋征收的有关规定执行。宗教团体、宗教院校或者宗教活动场所可以选择货币补偿，也可以选择房屋产权调换或者重建。

第五十六条

宗教团体、宗教院校、宗教活动场所、宗教教职人员可以依法兴办公益慈善事业。

任何组织或者个人不得利用公益慈善活动传教。

第五十七条

宗教团体、宗教院校、宗教活动场所可以按照国家有关规定接受境内外组织和个人的捐赠，用于与其宗旨相符的活动。

宗教团体、宗教院校、宗教活动场所不得接受境外组织和个人附带条件的捐赠，接受捐赠金额超过10万元的，应当报县级以上人民政府宗教事务部门审批。

宗教团体、宗教院校、宗教活动场所可以按照宗教习惯接受公民的捐赠，但不得强迫或者摊派。

第五十八条

宗教团体、宗教院校、宗教活动场所应当执行国家统一的财务、资产、会计制度，向所在地的县级以上人民政府宗教事务部门报告财务状况、收支情况和接受、使用捐赠情况，接受其监督管理，并以适当方式向信教公民公布。宗教事务部门应当与有关部门共享相关管理信息。

宗教团体、宗教院校、宗教活动场所应当按照国家有关财务、会计制度，建立健全会计核算、财务报告、财务公开等制度，建立健全财务管理机构，配备必要的财务会计人员，加强财务管理。

政府有关部门可以组织对宗教团体、宗教院校、宗教活动场所进行财务、资产检查和审计。

第五十九条

宗教团体、宗教院校、宗教活动场所应当依法办理税务登记。

宗教团体、宗教院校、宗教活动场所和宗教教职人员应当依法办理纳税申报，按照国家有关规定享受税收优惠。

税务部门应当依法对宗教团体、宗教院校、宗教活动场所和宗教教职人员实施税收管理。

第六十条

宗教团体、宗教院校、宗教活动场所注销或者终止的，应当进行财产清算，清算后的剩余财产应当用于与其宗旨相符的事业。

第八章 法律责任

第六十一条

国家工作人员在宗教事务管理工作中滥用职权、玩忽职守、徇私舞弊，应当给予处分的，依法给予处分；构成犯罪的，依法追究刑事责任。

第六十二条

强制公民信仰宗教或者不信仰宗教，或者干扰宗教团体、宗教院校、宗教活动场所正常的宗教活动的，由宗教事务部门责令改正；有违反治安管理行为的，依法给予治安管理处罚。

侵犯宗教团体、宗教院校、宗教活动场所和信教公民合法权益的，依法承担民事责任；构成犯罪的，依法追究刑事责任。

第六十三条

宣扬、支持、资助宗教极端主义，或者利用宗教进行危害国家安全、公共安全，破坏民族团结、分裂国家和恐怖活动，侵犯公民人身权利、民主权利，妨害社会管理秩序，侵犯公私财产等违法活动，构成犯罪的，依法追究刑事责任；尚不构成犯罪的，由有关部门依法给予行政处罚；对公民、法人或者其他组织造成损失的，依法承担民事责任。
宗教团体、宗教院校或者宗教活动场所有前款行为，情节严重的，有关部门应当采取必要的措施对其进行整顿，拒不接受整顿的，由登记管理机关或者批准设立机关依法吊销其登记证书或者设立许可。

第六十四条

大型宗教活动过程中发生危害国家安全、公共安全或者严重破坏社会秩序情况的，由有关部门依照法律、法规进行处置和处罚；主办的宗教团体、寺观教堂负有责任的，由登记管理机关责令其撤换主要负责人，情节严重的，由登记管理机关吊销其登记证书。
擅自举行大型宗教活动的，由宗教事务部门会同有关部门责令停止活动，可以并处10万元以上30万元以下的罚款；有违法所得、非法财物的，没收违法所得和非法财物。其中，大型宗教活动是宗教团体、宗教活动场所擅自举办的，登记管理机关还可以责令该宗教团体、宗教活动场所撤换直接负责的主管人员。

第六十五条

宗教团体、宗教院校、宗教活动场所有下列行为之一的，由宗教事务部门责令改正；情节较重的，由登记管理机关或者批准设立机关责令该宗教团体、宗教院校、宗教活动场所撤换直接负责的主管人员；情节严重的，由登记管理机关或者批准设立机关责令停止日常活动，改组管理组织，限期整改，拒不整改的，依法吊销其登记证书或者设立许可；有违法所得、非法财物的，予以没收：
(一)未按规定办理变更登记或者备案手续的；

(二)宗教院校违反培养目标、办学章程和课程设置要求的；

(三)宗教活动场所违反本条例第二十六条规定，未建立有关管理制度或者管理制度不符合要求的；

(四)宗教活动场所违反本条例第五十四条规定，将用于宗教活动的房屋、构筑物及其附属的宗教教职人员生活用房转让、抵押或者作为实物投资的；

(五)宗教活动场所内发生重大事故、重大事件未及时报告，造成严重后果的；

(六)违反本条例第五条规定，违背宗教的独立自主自办原则的；

(七)违反国家有关规定接受境内外捐赠的；

(八)拒不接受行政管理机关依法实施的监督管理的。

第六十六条

临时活动地点的活动违反本条例相关规定的，由宗教事务部门责令改正；情节严重的，责令停止活动，撤销该临时活动地点；有违法所得、非法财物的，予以没收。

第六十七条

宗教团体、宗教院校、宗教活动场所违反国家有关财务、会计、资产、税收管理规定的，由财政、税务等部门依据相关规定进行处罚；情节严重的，经财政、税务部门提出，由登记管理机关或者批准设立机关吊销其登记证书或者设立许可。

第六十八条

涉及宗教内容的出版物或者互联网宗教信息服务有本条例第

四十五条第二款禁止内容的，由有关部门对相关责任单位及人员依法给予行政处罚；构成犯罪的，依法追究刑事责任。

擅自从事互联网宗教信息服务或者超出批准或备案项目提供服务的，由有关部门根据相关法律、法规处理。

第六十九条

擅自设立宗教活动场所的，宗教活动场所已被撤销登记或者吊销登记证书仍然进行宗教活动的，或者擅自设立宗教院校的，由宗教事务部门会同有关部门予以取缔，有违法所得、非法财物的，没收违法所得和非法财物，违法所得无法确定的，处5万元以下的罚款；有违法房屋、构筑物的，由规划、建设等部门依法处理；有违反治安管理行为的，依法给予治安管理处罚。

非宗教团体、非宗教院校、非宗教活动场所、非指定的临时活动地点组织、举行宗教活动，接受宗教性捐赠的，由宗教事务部门会同公安、民政、建设、教育、文化、旅游、文物等有关部门责令停止活动；有违法所得、非法财物的，没收违法所得和非法财物，可以并处违法所得1倍以上3倍以下的罚款；违法所得无法确定的，处5万元以下的罚款；构成犯罪的，依法追究刑事责任。

第七十条

擅自组织公民出境参加宗教方面的培训、会议、朝觐等活动的，或者擅自开展宗教教育培训的，由宗教事务部门会同有关部门责令停止活动，可以并处2万元以上20万元以下的罚款；有违法所得的，没收违法所得；构成犯罪的，依法追究刑事责任。

在宗教院校以外的学校及其他教育机构传教、举行宗教活动、成立宗教组织、设立宗教活动场所的，由其审批机关或者其他有关部门责令限期改正并予以警告；有违法所得的，没收违法所得；情节严重的，责令停止招生、吊销办学许可；构成犯罪的，依法追究刑事责任。

第七十一条

为违法宗教活动提供条件的，由宗教事务部门给予警告，有违法所得、非法财物的，没收违法所得和非法财物，情节严重的，并处2万元以上20万元以下的罚款；有违法房屋、构筑物的，由规划、建设等部门依法处理；有违反治安管理行为的，依法给予治安管理处罚。

第七十二条

违反本条例规定修建大型露天宗教造像的，由宗教事务部门会同国土、规划、建设、旅游等部门责令停止施工，限期拆除，有违法所得的，没收违法所得；情节严重的，并处造像建设工程造价百分之五以上百分之十以下的罚款。

投资、承包经营宗教活动场所或者大型露天宗教造像的，由宗教事务部门会同工商、规划、建设等部门责令改正，并没收违法所得；情节严重的，由登记管理机关吊销该宗教活动场所的登记证书，并依法追究相关人员的责任。

第七十三条

宗教教职人员有下列行为之一的，由宗教事务部门给予警告，没收违法所得和非法财物；情节严重的，由宗教事务部门建议有关宗教团体、宗教院校或者宗教活动场所暂停其主持教务活动或者取消其宗教教职人员身份，并追究有关宗教团体、宗教院校或者宗教活动场所负责人的责任；有违反治安管理行为的，依法给予治安管理处罚；构成犯罪的，依法追究刑事责任：

(一)宣扬、支持、资助宗教极端主义，破坏民族团结、分裂国家和进行恐怖活动或者参与相关活动的；

(二)受境外势力支配，擅自接受境外宗教团体或者机构委任教职，以及其他违背宗教的独立自主自办原则的；

(三)违反国家有关规定接受境内外捐赠的；

(四)组织、主持未经批准的在宗教活动场所外举行的宗教活动的；

(五)其他违反法律、法规、规章的行为。

第七十四条

假冒宗教教职人员进行宗教活动或者骗取钱财等违法活动的，由宗教事务部门责令停止活动；有违法所得、非法财物的，没收违法所得和非法财物，并处1万元以下的罚款；有违反治安管理行为的，依法给予治安管理处罚；构成犯罪的，依法追究刑事责任。

第七十五条

对宗教事务部门的行政行为不服的，可以依法申请行政复议；对行政复议决定不服的，可以依法提起行政诉讼。

第九章 附 则

第七十六条

内地与香港特别行政区、澳门特别行政区和台湾地区进行宗教交往，按照法律、行政法规和国家有关规定办理。

第七十七条

本条例自2018年2月1日起施行。

찾아보기